UMA QUESTÃO DE TEMPO...

UMA QUESTÃO DE TEMPO...

Marcial Jardim
pelo Espírito Álvaro

Aliança

1ª edição, 2ª reimpressão, mar/2009, do 11º ao 13º milheiro

Título
UMA QUESTÃO DE TEMPO...

Autor
Marcial Jardim

Revisão
Edson Narvaes
Maria Aparecida do Amaral

Editoração
Antônio Roberto de Carvalho

Capa
Antônio Carlos Ventura

Impressão
HR Gráfica e Editora Ltda.

Ficha catalográfica

Jardim, Marcial

M763u Uma questão de tempo... / Marcial Jardim

1ª edição - São Paulo: Editora Aliança - 2008
256 páginas
ISBN 978-85-88483-30-9
1. Espiritismo 2. Romance I. Título

CDD - 130

Esta obra também foi editada pela Letras & Textos Editora, 1ª edição, 2004, do 1º ao 2º milheiro

EDITORA ALIANÇA
Rua Major Diogo, 511 – Bela Vista – São Paulo – SP
CEP 01324-001 – Tel.: (11) 2105.2600 – Fax: (11) 2105.2626
www.editoraalianca.org.br editora@editoraalianca.org.br

Agradecimentos

Quero aqui expressar os meus mais sinceros agradecimentos à minha esposa Adriana C. Jardim e às queridas companheiras de ideal espírita, Cristiane G. P. Fernandes, Helena Sueli Paulillo e Norma G. Pereira por toda a dedicação, responsabilidade e o carinho com que nos presentearam durante toda a realização desta modesta obra.

Que Jesus permaneça sempre nos seus corações e que o Pai de todos os pais, forre com as flores da gratidão o chão dos seus caminhos por onde transitarão hoje, amanhã e depois...

Marcial Jardim

Prefácio

Inicialmente, meus agradecimentos ao irmão Jardim, pelo honroso convite para prefaciar esta obra.

Há trinta anos, fui pela primeira vez ao Núcleo Espírita Assistencial Paz e Amor, onde conheci e me tornei amigo de diversos tarefeiros da casa, entre eles o companheiro Jardim.

Aos leitores deste trabalho posso passar um rápido perfil do autor:

Como homem, probo, dedicado, competente, exemplo a ser seguido por aqueles que buscam o caminho certo;

Como espírita, atuante, dinâmico, esforçado, leitor e incentivador da prática das leituras, desde o Pentateuco até as obras mais atuais.

No meu entender, todo esse esforço e dedicação são recompensados pelos amigos espirituais que o auxiliam na tarefa de conhecimento e divulgação das verdades de ontem, hoje e amanhã de nossas vidas.

Neste seu novo trabalho, *Uma questão de tempo*, romance que se desenrolou em três épocas e em países diferentes, os personagens vivem as alegrias, as tristezas, os acertos e desacertos de suas vidas em cada época.

Reencarnam e se encontram para as devidas correções, resgates e aproximações, porém como seres humanos que trazem resquícios do passado, voltam a se reencontrar em outra encarnação para novos burilamentos dos seus comportamentos do passado.

A leitura desta obra nos proporcionará momentos de reflexão, de emoção, de conhecimentos e uma certeza:

Façamos nossa reforma íntima, preparemos hoje o nosso amanhã e certamente alcançaremos nossos objetivos.

É tudo uma questão de tempo...

Armando Augusto Pereira

BRASIL COLÔNIA
Século XVII

1

O sol, com certa freqüência, refulgia esplendoroso, espargindo seus raios ardentes e luminosos por sobre a verdejante região, dando mais cores e vida a cada pedacinho de chão que compunha a grande propriedade da família Castro, que albergava em suas dependências um profícuo engenho de cana.

A paisagem, de vivo verdor, acariciada por vento brando, transmitia aos céus a suave melodia da natureza, inebriando os ouvidos humanos mais sensíveis, induzindo suas almas a meditar, fazendo-as recordar-se do passado, reconhecer e avaliar o presente e delinear o porvir.

Este singelo acalanto, envolvia os negros escravos que, naquelas terras labutavam, chamando-os à responsabilidade das tarefas ao mesmo tempo em que, sutilmente, carreava às profundezas dos seus seres sofridos e amargurados, as incertezas dos seus amanhãs.

Para eles, os dias transcorriam morosos, plenos da rotina estafante, da preparação da terra, da semeadura, da limpeza, da colheita, da obtenção do açúcar e das demais responsabilidades que lhes eram atribuídas.

Com os corpos quase desnudos e descalços, expostos às intempéries, não era incomum ver-se, um ou outro escravo, tombar ao chão desmaiado, delatando seu exaurimento, quando benfazejo jarro d'água era vertido, por mãos amigas, sobre sua pele ressequida, fazendo-o recobrar os sentidos e retornar ao intenso labor, evitando assim os castigos que tal ocorrência poderia acarretar-lhe.

O suor, como se fora lágrimas de sofrimento, vertia abundante daqueles corpos alquebrados, fazendo-os luzir como pérolas negras a adornarem aquelas plagas.

Somente quando o sol começava a ceder o seu lugar para que a noite delineasse sua presença é que aquelas criaturas, deserdadas da felicidade, retornavam à senzala, a fim de haurir novas forças para, no dia seguinte, darem seqüência ao intenso labor que as aguardava.

A alimentação deficiente, as pobres e desconfortáveis acomodações, aliadas à dura faina diária, com raros períodos de descanso, acabavam por minar-lhes, gradativamente, as energias, exaurindo seus corpos, não raramente, fazendo-os adoecer.

Reunidos na senzala, dividindo o pão, o vestuário modesto e a humilde habitação, comungando as mesmas saudades da terra distante, de onde injusta e brutalmente foram sacados dos familiares queridos, dos amores que se viram obrigados a apartar-se, cúmplices nos mesmos infortúnios, intentavam mutuamente confortar-se, amainando os seus sofrimentos.

Porém, suas almas fragilizadas, iam sendo envolvidas pelo negror do pessimismo que, sutilmente, passara a conduzir as suas vidas, embaçando suas visões espirituais, impedindo-os de vislumbrar um melhor porvir, concitando-os a sentir-se à mercê do descaso e do desamor.

Os cantos que comumente entoavam, denunciavam os sentimentos que os afligiam, constituindo-se nos raríssimos momentos de liberdade que desfrutavam, possibilitando-lhes experimentar um pouco de paz, arrefecendo a saudade dorida que, teimosamente, lhes fazia constante e desagradável companhia.

Enlevadas, suas almas eram envolvidas pelos eflúvios amorosos de entidades espirituais que ali se faziam presentes, acompanhando-os pelas veredas da vida, com o propósito de amenizar-lhes as agruras, dando-lhes forças para perseverar e prosseguir.

Alguns poucos escravos, pelas vias da mediunidade, recepcionavam Espíritos de pretos velhos que, com o seu linguajar característico, insuflavam seus ensinamentos, incitando-os ao trabalho, à paciência, à compreensão e ao amor.

Nestes momentos, desanuviavam-se os semblantes, antes tristes e tensos, notando-se que um misto de resignação e alegria visitava aquelas criaturas, fazendo-as sentir-se novamente fortalecidas, aptas a recomeçar, a interagir e a viver.

Eram homens e mulheres, crianças, jovens, adultos, idosos a participarem daqueles instantes inesquecíveis de espiritualidade, onde afloravam nobres sentimentos que emergiam do recôndito das suas almas, presenteando-os com lampejos de felicidade, estimulando-os a exercitarem-se na prática incondicional da doce fraternidade.

Na casa grande, sede da fazenda Castro, posicionada de tal maneira que permitia ao senhor de engenho observar a mínima movimentação que na senzala ocorresse, nitidamente, no início das noites, podia-se ouvir o canto dos escravos, externando os seus sentimentos na tentativa de aliviar suas desventuras.

Os sons lamuriosos que vertiam através dos seus lábios, atravessavam os ares adentrando o fausto casarão, envolvendo a todos que ali estivessem presentes.

Enquanto alguns corações mais sensíveis eram tocados por nobre sentimento de piedade, Domingos, o frio e austero senhor das terras, comumente sentia-se incomodado, recriminando entre dentes e com palavras chulas, aquele cantar que se tornara habitual entre os seus escravos.

Insensível aos sentimentos alheios, entendia aquele canto

sofrido como se fora um desabafo, uma disfarçada censura e revolta pelo descaso e pelos maus-tratos que, comumente, ele próprio reconhecia, lhes impunha.

Egoísta contumaz, arraigado aos desejos da posse e do poder, dando vasão aos seus insensatos pensamentos, fomentara o ódio a ponto de fazer emergir do seu gélido coração, um sentimento silencioso e descabido de vingança pela suposta crítica que julgava os escravos estarem fazendo à sua maneira de conduzir os trabalhos no engenho e à sua própria autoridade.

A cada noite, denunciando visível desequilíbrio de sentimentos, seu orgulho era açoitado por aqueles cantos, na sua essência ingênuos e sofridos, fazendo recrudescer o pensar abominável que o visitava, incitando-o, no dia posterior, a exigir mais responsabilidade e trabalho dos seus comandados, impondo-lhes seu despotismo, visualizando mais e mais lucros.

Enquanto seu impiedoso coração se afligia, Júlia, sua amorável esposa, deixava aqueles acordes adentrarem seus ouvidos, fazendo-os mergulharem suavemente em seu terno coração.

Sem conhecer o significado das palavras que acompanhavam aqueles cantos plenos de sentimentos e emoções, as entendia como sendo a linguagem inocente daquelas almas, externando a saudade da pátria longínqua e da liberdade perdida, o descaso, a humilhação a que eram injustamente submetidas e a tristeza pelo incerto e nebuloso amanhã.

Os mesmos sons e os mesmos vocábulos emitidos adentravam os ouvidos de Domingos e de Júlia de formas diferentes. Enquanto para aquele soavam como crítica e revolta, para ela, como suplicante murmúrio, a incitar-lhe compaixão e amor.

Domingos, Júlia e seus filhos, Pedro, Paulo e Alice estes beirando os oito, sete e cinco anos de idade respectivamente, compunham a abastada e respeitável família Castro.

Os pequenos, irradiando saúde, preenchiam os espaços da

casa grande com seus ingênuos folguedos, eivando o ambiente da mais pura alegria, contagiando os corações daqueles que compartilhavam suas presenças, principalmente o de Júlia, constituindo-se nos únicos responsáveis pelos momentos de real felicidade que a jovem mãe desfrutava.

Apesar de amar profundamente Domingos, sentia-o muito distante de si. Quase sempre silencioso, pensativo, aprisionado ao trabalho, ao desejo de posse e de poderes, com o passar dos tempos Júlia conscientizara-se de que nunca fora realmente correspondida em seus sinceros sentimentos que, constante e resignadamente, deixava-os extravasar através da ternura do seu olhar, da doçura das suas palavras, da delicadeza dos seus gestos, da fidelidade e do respeito que sempre lhe devotara.

Nos poucos e breves momentos que se encontrava a sós com Domingos, sempre doce e compreensiva, em vão, continuava a dele esperar uma palavra, um gesto de carinho, destituído da sensualidade vil que o caracterizava, desnudando o ser humano insensível, egoísta com que compartilhava seus dias e para o qual entregara, incondicionalmente, o seu dulçoroso coração.

Extremamente sensível, inteligente e observadora, Júlia, no convívio diário com Domingos, percebera que no imo daquela fria criatura, existiam resquícios de amor que o orgulho pertinaz cruelmente enclausurara, não permitindo que aflorasse, carreando a felicidade para si, para os filhos e para ela própria, que lhe ofertava, despretensiosamente, a honra da sua doce companhia e o perfume do seu amor.

Nos raros momentos em que o casal mantinha um colóquio mais prolongado, Júlia detectara que Domingos tentava, sem êxito, demonstrar o seu verdadeiro sentir, entretanto o orgulho de pronto o envolvia, obstando a passagem deste nobre sentimento incitando-o, equivocadamente, a sentir-se vulnerável, fragilizado, o que não condizia com o seu caráter autoritário, por vezes despótico.

Maneirosa, procurava tocar a intimidade da sua alma, tentando fazê-lo conscientizar-se de que na senzala viviam seres humanos, de outra raça, e que, em seus corpos negros também pulsavam corações, tais quais os dos brancos; amavam, possuíam parentes, amigos, sentiam saudades, alegrias, tristezas, cansaço, dor, descaso, humilhação, carência de atenção, respeito, consideração, e, como toda criatura, possuíam sentimentos e portanto tinham o direito à felicidade.

Assim, amoravelmente, Júlia procurava introduzir no coração do seu esposo um vislumbre da dulçorosa fraternidade visando sensibilizá-lo, na expectativa de que, nos dias porvindouros, viesse a arrefecer os seus instintos, amainando os padecimentos daqueles pobres seres humanos que ali militavam, subjugados à sua opressiva autoridade. Apesar do seu nobre empenho, até então não conseguira êxito, pois Domingos permanecia irredutível nos seus pontos de vista, não dando o devido valor à coerente argumentação que seus ouvidos escutavam.

Na última conversação que mantivera com o esposo, conhecedora da sua avidez pelo dinheiro, inspirada por amigos espirituais, fortalecera sua argumentação procurando fazer com que Domingos se conscientizasse da necessidade de manter os escravos fortes e saudáveis, livres das moléstias que constantemente os visitavam, prejudicando o rendimento das suas respectivas atribuições.

Assim agindo, a produção do engenho iria manter-se em níveis desejados, para gáudio de todos, escravos e patrões, deixando para estes bons lucros.

Ao abordar estes aspectos, Júlia notara que, de alguma forma, conseguira impactar Domingos, pois este nada dissera, como era seu costume, permanecendo em silêncio, analisando cada palavra da inteligente argumentação que acabara de escutar.

Assim, pouco a pouco, a alimentação dos escravos foi melhorando, as doenças, por razões óbvias, diminuindo, não por consideração ou compaixão do austero senhor do engenho, mas sim pelo interesse dos lucros que, gradativamente, devido às medidas adotadas, passaram a atingir patamares ainda mais altos.

2

Dos três filhos da família Castro, Alice a mais nova, era a que mais evidenciava sensibilidade, doçura e generosidade, sempre disposta a acarinhar os seus queridos, mormente Júlia, com a qual demonstrava possuir maior afinidade. Através das palavras e dos gestos próprios da idade, ia espargindo, com natural ingenuidade, o perfume do amor que o seu coraçãozinho possuía.

Paulo, por sua vez, frio e arredio, assimilara com facilidade a arrogância de Domingos, mantendo com o genitor incontestável identidade de princípios, que a vida, paulatinamente, iria incumbir-se deles extirpar.

Pedro, o mais velho dos filhos do casal, denunciava ter maiores afinidades com Júlia e Alice, evidenciando as virtudes da fraternidade e do amor que adornavam a sua alma.

Júlia já houvera bem constatado as diferentes nuanças de comportamento que caracterizavam seus tutelados, antevendo maiores dificuldades futuras com Paulo, para torná-lo mais sociável, modesto e, por conseguinte, mais humano.

Neste sentido percebera, claramente, que com Pedro e Alice não haveria de preocupar-se.

Durante os jantares que sucediam-se na casa grande, momentos em que toda a família Castro se encontrava reunida, Domingos, habitualmente, relatava as ocorrências do dia, deixando extravasar através do olhar, dos gestos e das palavras, a soberba que o dominava. Exaltando seu proceder, colocava em si próprio os louros de que se achava merecedor, procurando incutir na mente daqueles corações que, atentos, lhe davam a honra da escuta, seus pontos de vista, pautados no egoísmo contumaz que seu coração estava saciado, retardando o seu encontro com a verdadeira felicidade.

Muitas vezes, enquanto externava seu parecer tendencioso, Júlia procurava acarinhá-lo com o olhar meigo, súplice, tentando fazer com que amenizasse um pouco o ímpeto da sua fala, para que assim não incutisse qualquer tipo de procedimento menos nobre nas mentes ingênuas dos seus queridos, ávidas de saber e ainda perfeitamente moldáveis, a fim de que não corressem o risco de captá-lo e absorvê-lo como se fora a mais correta e cristalina das orientações.

Em várias ocasiões, ao encaminhar seu olhar maternal em direção aos semblantes de Pedro e Alice, notara-os tristes, comovidos, não raro com lágrimas nos olhos, apiedados pelas aflições que os negros escravos passavam e que eram narradas friamente por Domingos que procurava realçar, equivocadamente, o corretismo do seu proceder, que na verdade exaltava, tão-somente, a sua vaidade, o orgulho e a prepotência.

Paulo, por seu turno, em nenhum instante desvencilhava os olhos de Domingos, seu ídolo inconteste, ouvindo atento cada uma das suas palavras, sorvendo, com avidez, o veneno que seu genitor habitualmente destilava, como se fossem gotas de sabedoria a penetrar em sua alma, estimulando-o no futuro a também assim proceder.

Com certa freqüência, ao término das refeições, Paulo acercava-se do pai e segurando em sua mão, sentava-se em seu colo fitando-o orgulhosamente como se herói fosse, delatando, ingênuo, sua cumplicidade para com o proceder de Domingos.

Este, por sua vez, se regozijava, orgulhoso, sentindo que suas palavras ecoavam no coraçãozinho daquele ser, cuja personalidade ainda se encontrava em formação.

Pedro e Alice, costumeiramente, encaminhavam-se para junto de Júlia e, abraçando-a, dirigiam-se, com os demais, para a aconchegante sala de estar, quando aqueles pares de olhinhos ingênuos fitavam os de Júlia, aguardando, ansiosos, o seu parecer sobre as afirmações que, surpresos, há pouco haviam escutado do seu genitor.

Júlia, através dos ouvidos da sua alma sensível, captava seus justos pensamentos e, docemente, procurava intercalar nobres palavras e procedimentos à argumentação de Domingos minimizando o impacto dos seus pareceres, estimulando seus queridos a enxergarem as nuanças mais elevadas da anterior conversação.

Logo a seguir, carinhosamente, chamava por Paulo que solícito vinha ao seu encontro, sendo calorosamente acolhido em seu regaço, enquanto Pedro e Alice encaminhavam-se em direção ao pai presenteando-o com abraços e beijos, friamente recepcionados por Domingos, que procurava manter, desta forma, um certo distanciamento, pensando assim, erroneamente, estar resguardando a autoridade que tanto prezava.

Conservando Paulo junto a si, Júlia aproveitava-se daqueles poucos momentos para com ele dialogar, enfocando a mesma linha de conversação que houvera mantido com Pedro e Alice, tentando sensibilizar o seu ingênuo coração que, para sua tristeza, já demonstrava indícios de insensibilidade e frigidez que, se não fossem vivamente combatidos, tornariam-no, pouco a pouco, súdito fiel do egoísmo, retardando os seus passos, prejudicando o seu amanhã.

Tão logo Júlia terminava a sua fala, Paulo, comumente, lhe dizia:

— Mamãe, como papai já lhe disse tantas vezes, eles são negros, são escravos, não são gente como nós. Estão aqui para trabalhar e servir!

Júlia ficava perplexa com suas palavras, que evidenciavam a forte influência que Domingos exercia sobre Paulo, a ponto de incutir-lhe tal tipo de pensamento, sem dúvida antagônico à dúlcida e despretensiosa fraternidade.

Ensimesmada, julgava-o muito jovem para externar este tipo de pensamento, desconhecendo que as palavras de Domingos despertavam no jovem coração de Paulo, sentimentos que, ao longo da sua trajetória reencarnacionista, teimosamente, mantinham-se imantados a sua alma.

Por sua vez Pedro, nos poucos instantes que desfrutava da intimidade e da companhia sempre arredia de Domingos, dizia-lhe, externando as emoções que fluíam, incontroláveis, do seu coração cheio de inocente coragem:

— Papai, os escravos também são gente, como nós. Eles sentem dor, fome, frio, amor, ajude-os para que possam ser felizes como nós somos!

Era nítida a boa influência que Júlia conseguira introduzir no seu jovem e receptivo coraçãozinho, o mesmo ocorrendo com o da menina Alice.

Domingos, ao mesmo tempo em que externava um sorriso irônico e arrogante, confiante lhes dizia:

— São negros, são escravos, não são gente como nós.

— Estes macacos aqui estão para trabalhar, transformando o pó da terra em moeda e nos servir, trazendo-nos tranqüilidade e conforto!

Nestes instantes os olhinhos de Pedro e Alice buscavam o de Júlia expressando um pedido de ajuda, de esclarecimento, pela dúvida que as palavras, cheias de prepotência, emitidas por Domingos, provocaram em seus corações.

Com o olhar sempre cheio de ternura, Júlia transmitia-lhes a calma de que necessitavam, fazendo-os sentir-se outra vez fortalecidos, convictos das palavras que, minutos atrás, Pedro houvera dito ao pai.

Tão logo as crianças dirigiam-se aos seus afazeres e folguedos, a jovem e pacienciosa esposa aproximava-se de Domingos e, acarinhando-o, uma vez mais, procurava incutir-lhe na mente doces pensamentos, na tentativa de amenizar o seu falar e agir o que, inapelavelmente, repercutiria de maneira positiva na educação e nos sentimentos de Pedro, Paulo e Alice.

Domingos a tudo escutava e, depois, expressando um sorriso desdenhoso a abraçava com indisfarçável soberbia, repetindo as mesmas palavras de sempre:

— Tens muito a aprender sobre estas coisas. Continues a esmerar-te nas responsabilidades da casa e na educação dos nossos filhos, o restante deixes a meu encargo, que bem sei como conduzir!

Costumeiramente breve conversação se seguia, quando o cansaço os envolvia, incitando-os a dirigir-se aos seus íntimos aposentos. Júlia, como sempre, em paz, enquanto Domingos carregava n'alma o fardo pesado do egoísmo, do orgulho e da vaidade que retardava os seus passos espirituais, fazendo-o permanecer ao rés-do-chão, prisioneiro do fantasioso e efêmero mundo da matéria.

3

Todos os dias, como de costume, o todo-poderoso senhor de engenho, montado em seu irrequieto alazão, percorria os vários sítios da sua extensa propriedade, observando, com reconhecida perspicácia, tudo o que ali ocorria.

A grande extensão de terra, recoberta pelas viçosas plantações canavieiras, que quando açoitadas pela brisa mais forte emitiam a suave melodia das suas folhagens entrelaçando-se, soava aos ouvidos pretensiosos de Domingos como aplausos, enaltecendo seu poder, sua inteligência, sua riqueza.

Raimundo, robusto e arrogante, era o capataz da fazenda, no qual, Domingos depositava sua irrestrita confiança. Arguto, há tempos, percebera que Raimundo apresentava muita similitude com o seu próprio pensar e agir, fielmente seguindo suas orientações, executando com frieza e competência quaisquer que fossem as suas ordens.

Por isto, gradativamente, Raimundo fora conquistando carta-branca para agir, desde que, em hipótese alguma, viesse a ferir os interesses da promissora propriedade e, conseqüentemente, da família Castro.

Domingos, extremamente ativo e zeloso pelos seus bens, mantinha-se a par de tudo que em sua propriedade sucedia.

Quando, por vezes, algum fato o desagradava, Raimundo, obedecendo às suas ordens, tomava as providências que se faziam necessárias e que nem sempre recebiam a devida aquiescência por parte da bondosa e jovem senhora Castro.

Astuto, Domingos procurava justificar-se, dizendo-lhe que tal iniciativa Raimundo houvera tomado por conta própria sem que, para tanto, tivesse recebido qualquer orientação de sua parte.

Desta forma ardilosa, Domingos aliviava sua culpa perante a esposa, sempre disposta a relevar, oferecendo-lhe, comumente, nova oportunidade para reparar, no seu indulgente ponto de vista, o equívoco, aguardando, que tal procedimento, não viesse mais ocorrer.

Assim, o senhor de engenho satisfazia seu ego, comprazendo-se com sua pretensiosa inteligência e incontestável argúcia.

Domingos e Raimundo, orgulhosos e prepotentes, quando percorriam as vastas terras da família Castro e percebiam qualquer lentidão por parte de algum escravo, sentiam prazer em, aos gritos, recriminar-lhe a conduta humilhando-o, sem piedade, provocando-lhe um misto de pavor pelas conseqüências que poderiam advir e de ódio, pelo escárnio que sofrera.

Nestes momentos era com satisfação íntima que Raimundo fazia brandir, ameaçadoramente, o chicote com o propósito de fazê-lo acelerar em sua tarefa, melhorando assim sua produção.

Em suas fisionomias podia-se perceber a mescla de frieza e de prazer que os visitava, externando a crueza das suas almas, deserdadas do sublime sentimento de fraternidade.

Tão logo o negro escravo célere voltava ao estafante trabalho, visivelmente ferido em seus brios, Domingos e Raimundo retornavam às suas montarias, partindo para outros pontos da propriedade e com olhares cheios de cumplicidade, seguidos por desdenhoso gargalhar, confessavam a vileza moral que os acompanhava.

Aos demais escravos que houvessem visto aquela cena desagradável, nada lhes restava fazer senão olhar, pesarosos, para o pobre companheiro, encorajando-o a resignar-se, pois se assim não agisse, haveria de sofrer novos castigos, desta feita, muito mais cruéis.

Insensíveis, cativos do desamor, Domingos e Raimundo não percebiam que suas palavras e atitudes penetravam no coração dos escravos quais lâminas afiadas, dilacerando suas entranhas, causando-lhes imensa dor moral que, ao encontrar-se com suas tristezas e amarguras, transformavam-se em desejos malsãos de desforra, de vingança, na expectativa enganosa de assim agindo, conseguirem amenizar os seus incontestáveis padecimentos.

4

Certa manhã, em um ponto do extenso canavial, Jerônimo, um jovem escravo, oculto pela densa vegetação, sentara-se ao chão e, com o propósito de saciar a sede, pusera-se a saborear um naco de cana.

Domingos, acompanhado pelo fiel capataz, demonstrando sua habitual argúcia, de relance, conseguira entrever, escondido entre as hastes de cana, o que lhe parecera a figura de um negro escravo.

De imediato, seu coração pusera-se a pulsar com mais rapidez, instintivamente antegozando a oportunidade que se lhe apresentava, de surpreender o faltoso e aplicar-lhe o devido corretivo.

Apeando da sua montaria, Raimundo encaminhara-se rápida e silenciosamente para o local, constatando, satisfeito, o que Domingos, instantes atrás, houvera apenas vislumbrado.

Surpreendido, o escravo imediatamente colocara-se de pé, demonstrando pela expressão facial o temor que dele se apossara, prevendo a punição que haveria de experienciar.

Raimundo, rapidamente, segurou o escravo pelos braços conduzindo-o, bruscamente, até onde estava sua montaria.

Em seguida, amarrando-o pelos pulsos com uma corda que sempre trazia presa à sela do seu cavalo, montou no animal, partindo, juntamente com Domingos, em direção à senzala.

O animal, costumeiramente fogoso e irrequieto, trotava com certa rapidez, o que obrigava Jerônimo a acelerar os passos.

A alguns minutos do destino, o escravo, visivelmente afadigado, tendo o corpo molhado de suor, desequilibrou-se caindo por terra.

Raimundo, fingindo nada perceber, não conteve de imediato sua montaria, fazendo com que Jerônimo fosse arrastado por alguns metros sobre o chão seco e pedregoso, esfolando o peito e as costas desnudas.

Contido o animal, o escravo ferido e com extrema dificuldade, pusera-se de pé outra vez, voltando a caminhar, sendo conduzido até o pátio diante da senzala, quando, brusca e imediatamente, fora amarrado a robusta coluna de madeira fincada bem no centro do local.

Sem alimento e sem água, com o corpo ferido e exposto ao sol causticante, ali permaneceu até o final da tarde, curtindo sua desdita.

Para Domingos e Raimundo era um momento de intenso regozijo, pois assim teriam a oportunidade de demonstrar a todos os escravos, a inquestionável autoridade de que eram possuidores e ao mesmo tempo os castigos que haveriam de sofrer, caso incorressem na mesma falta ou não seguissem, à risca, suas ordens.

Finda a extensa e estafante jornada de trabalho, quando, visivelmente fatigados, os escravos dirigiam-se à senzala para usufruir justo descanso e refazimento, foram surpreendidos, ao verem o companheiro preso, de forma desumana, ao pelourinho, à espera de provável e dolorosa punição.

Temerosos pelo que ainda poderia acontecer, profundamente compadecidos, demandaram para a senzala, sendo porém energicamente impedidos por Raimundo de ali adentrarem.

O rude feitor postara-se, autoritário, diante da entrada e, aos gritos, ordenara que todos os escravos se posicionassem ao redor do pelourinho onde se encontrava o jovem Jerônimo, pois não queria que nenhum detalhe do seu martírio passasse desapercebido aos olhos dos seus indefesos comandados.

Depois de certificar-se de que nenhum escravo se encontrava no interior da senzala, a exceção dos doentes, empunhando o seu inseparável chicote, encaminhara-se, lentamente, para onde se encontrava amarrado o negro infrator.

Comprazia-se com a tristeza e o temor que se apoderava dos semblantes dos pobres coitados e, a cada passo, sentia recrudescer sua satisfação, antegozando o momento em que se transformaria num dos principais personagens da cena grotesca que estava prestes a se desenrolar.

Em seguida, cheio de insensibilidade e aspereza, passara a narrar o que houvera ocorrido naquela manhã, procurando revestir o fato de enganosa importância, quando na realidade aproveitava-se, tão-somente, daquela desprezível ocorrência para impor sua autoridade, extravasando sua vaidade, rejubilando-se com o sofrimento que haveria de impingir àquele que, sem direito a defesa, julgava inapelavelmente faltoso.

Sem mais explicações, passara a agitar o chicote, açoitando, sem piedade, o costado desnudo e ressequido do infeliz escravo, impondo-lhe cruel sofrimento.

Após as primeiras chibatadas, vergões foram surgindo, porém, com a continuação dos açoites, a pele gradativamente fora rasgando-se, fazendo brotar, inestancável, gotas de sangue das suas entranhas, empapando as suas vestes abaixo da cintura, para, a seguir, caírem por sobre a terra, maculando-a de vermelho-vivo, como se fossem lágrimas silenciosas a clamarem por clemência e comiseração.

O som seco que a chibata emitia, cortava os ares, estimulando os negros escravos à revolta e, ao mesmo tempo, Raimundo e Domingos, a perseverarem na maldade, semeando o desamor que, no futuro, haveriam fatalmente de colher.

Exânime, prestes a desfalecer, Jerônimo exalara um audível

suspiro que denunciava seu inenarrável padecer, ao mesmo tempo em que, num esforço heróico, endereçara seu olhar súplice aos céus, rogando auxílio e compaixão.

Domingos, em pé, no florido alpendre, adjunto ao dormitório do casal, a tudo presenciava quando fora surpreendido por Júlia que, com visível palidez e a voz entrecortada por viva emoção, lhe pedira, corajosamente, para que ordenasse a Raimundo, parar, imediatamente, de açoitar o pobre infeliz, ressaltando que estava prestes a desmaiar e talvez de perder a própria vida.

Impactado pela conscienciosa observação da esposa e amedrontado pelas conseqüências desagradáveis que poderiam advir de tal procedimento, apressara-se em levantar o braço, sinalizando a Raimundo que cessasse aquele flagelo.

Raimundo, antes de obedecê-lo, desferira cruelmente a derradeira chicotada, mais potente, fazendo com que Jerônimo, profundamente ferido e ensangüentado, viesse a desfalecer.

Tão logo terminara o suplício e Raimundo se retirara, os escravos precipitaram-se céleres em direção ao companheiro, soltando-o das amarras que o mantinham cativo, levando-o, apressadamente, para o interior da senzala para prestar-lhe os socorros que se faziam necessários.

Colocado sobre modesto catre, Jerônimo fora, imediatamente, reanimado e assistido por Duríbio, generoso e sábio preto velho que, há muitos anos, militava na próspera propriedade da família Castro.

Conhecedor profundo da extensa variedade de ervas presentes na exuberante flora da região e dos seus incontáveis valores medicinais, apressara-se em selecionar aquelas mais adequadas para o caso em questão.

Após colocá-las num tacho com água, aquecera o conjunto por vários minutos, retirando, no momento oportuno, a infusão, deixando-a resfriar.

Depois de limpar as lesões, embebeu em tecido limpo aquela preparação, colocando-a, pacientemente, sobre as carnes feridas de Jerônimo, acompanhado pelo canto dos negros escravos que, atentos e esperançosos, a tudo observavam.

Aquelas compressas, caridosamente aplicadas por Duríbio, conseguiram amainar as dores de Jerônimo, possibilitando-lhe desfrutar algumas poucas horas de sono reparador que lhe fizera muitíssimo bem.

Domingos e Raimundo, insensíveis ao que se passava na senzala, usufruíram sono profundo, o mesmo acontecendo com Paulo.

Tal, porém, não ocorrera com os demais integrantes da família Castro, que, comovidos pelo sofrimento do negro escravo, somente conseguiram ser amplexados pelo sono nas primeiras horas da madrugada.

Seus ouvidos atentos captavam os gemidos de Jerônimo, conduzindo-os aos seus sensíveis corações, fazendo-os confrangerem-se, na ansiosa expectativa de, na manhã seguinte, poderem ver o jovem escravo restabelecido dos castigos que, injustamente, lhe foram impostos.

Ao mesmo tempo, repletas de compaixão, suas almas captavam as dores morais que afligiam os moradores da senzala, percebendo, através das nuanças dos seus cantos, o pedido suplicante de justiça e de compaixão para com os seus padeceres.

Júlia tão logo adormecera, seu Espírito desprendeu-se do escafandro físico, partindo com celeridade em direção à senzala, ávido por inteirar-se do desenrolar dos tristes acontecimentos.

Ali chegando, de imediato, constatou o inquestionável sofrimento porque passava o infeliz escravo e, delicadamente, dele se aproximou, colocando sua destra, suavemente, sobre a testa suarenta de Jerônimo, na caridosa tentativa de minimizar-lhe as dores.

Duríbio, dotado de consciente, responsável e versátil

mediunidade, notou a presença amorosa de Júlia, em Espírito, ao lado do enfermo e percebendo, claramente, a mescla de preocupação e piedade que dela se apossara, envolvido por sublime convicção, mentalmente, lhe disse:

— Sinhá, Jerônimo ficará bom. Estas compressas que estou colocando já começaram a surtir o efeito desejado. As dores estão sendo amainadas e o seu estado geral está demonstrando melhoras. Dentro de poucos dias o jovem estará apto ao trabalho outra vez.

— Tenhas a certeza de que o Pai da vida em nenhum instante se esquece de nós e não irá, nestes momentos, apartar-se deste querido companheiro, tão carente de auxílio, fraternidade e amor.

— Agora vá, filha, na paz do Senhor!

Emitidos estes carinhosos pensamentos, o Espírito Júlia aquietara-se como se as frases mentalmente emitidas houvessem se transformado em bálsamo perfumoso a espargir paz indescritível, fazendo-a esboçar terno sorriso, serenando suas apreensões.

Em seguida, delicadamente, se aproximou do bondoso preto velho e, humildemente agradecida, beijou sua mão calejada, herança dos muitos anos de intensa labuta que seu corpo, agora cansado, enfrentara com humildade, responsabilidade e consciente resignação.

Duríbio, vivamente emocionado pela cena delicada que, com os olhos d'alma, tivera a ventura de presenciar, não conseguira conter as lágrimas que emergiram suavemente da intimidade do seu ser, acariciando, a barba branca que lhe adornava o rosto negro, comovido com o ósculo sincero e carinhoso com que sua mão humilde houvera sido presenteada.

Ainda sensibilizado, a imagem desvaneceu-se, ficando, porém, indelevelmente, gravada na sua retina espiritual, como se houvera sido um mimo de incalculável valor que o Pai do céu, amoravelmente, lhe ofertara.

5

Na manhã do dia seguinte a chuva brotava incessante das nuvens como se fosse lágrimas do céu, entristecido pelos injustificáveis sofrimentos a que os negros escravos eram constantemente submetidos.

O canavial a recebera agradecido, retribuindo-lhe a dadivosa oferenda com a exuberância dos seus caules suculentos.

Independentemente das intempéries, o lavor escravo no engenho de cana da família Castro não arrefecia, continuava intenso e fatigante.

Jerônimo, assistido por Duríbio, que permanecera desperto, ao seu lado, durante toda a madrugada, impondo-lhe as curadoras compressas, logo após a visita do Espírito Júlia, conseguiu desfrutar um sono profundo, sinal evidente de que as suas dores haviam sido amainadas.

Ao despertar, o jovem escravo demonstrava pela sua fisionomia, agora mais tranqüila, que o seu corpo reagira bem e que os ferimentos apresentavam evidentes sinais de melhora.

Por seu turno, na casa grande, logo após o término da tradicional refeição matinal, enquanto Domingos, alheio ao que sucedera durante a noite na senzala, dirigia-se apressado ao trabalho e as crianças destinavam-se aos costumeiros folguedos Júlia ansiosa, apressara-se em perguntar para a escrava Joana, sua ama de confiança, como se encontrava o estado de saúde do pobre escravo.

Joana a tranqüilizara, dizendo-lhe que Jerônimo passava bem, recuperando-se rapidamente dos ferimentos sofridos.

A juvenil escrava que conquistara o privilégio de residir em modesta moradia vizinha à casa grande, prestimosa, logo à primeira hora da manhã, já houvera dirigido-se à senzala para inteirar-se a respeito do enfermo, pelo qual nutria certa afeição.

Tão logo tomara conhecimento da boa notícia, Júlia fora comunicá-la aos filhos, a fim de tranqüilizá-los, mormente Pedro e Alice que, na noite passada, houveram demonstrado sincera apreensão para com o estado de saúde do escravo.

Paulo, entretanto, esboçando desdenhoso sorriso, com visível indiferença lhes dissera convicto:

— Não sei porque tanta preocupação com aquele escravo. Se foi castigado é porque mereceu. Não é assim que papai nos ensinou a agir?

Antes que Júlia pudesse emitir uma só palavra Paulo partiu, com lepidez, em direção ao pomar, ingênua e equivocadamente, acreditando que houvera dito cristalina verdade, não cabendo, a respeito, qualquer tipo de contestação.

Pedro, que permaneceu ao lado de Júlia e Alice, nenhuma palavra emitiu, simplesmente direcionou seus olhos negros para os de Júlia, dizendo-lhe silenciosamente pelas vias da alma, através de expressivo e terno olhar:

— Não fiques triste. Perdoe-o, mamãe!

Júlia entendeu com os ouvidos do coração, o dulçoroso apelo que Pedro lhe fizera e, emocionada, abraçou o casal de filhos, envolvendo-os em eflúvios de ternura e amor indefiníveis, antevendo dias difíceis no amanhã em relação ao comportamento frígido e arredio que Paulo, apesar da pouca idade, já ousava demonstrar.

Terminada esta cena, cada qual demandou aos seus afazeres.

Mais calma, terminadas as suas obrigações da manhã, Júlia acomodou-se em sua cadeira de balanço e pôs-se a meditar sobre o esposo, os filhos, a fazenda, o engenho e o futuro da família que tanto amava.

Repentinamente assomou em sua mente, o sonho que houvera tido na noite anterior, apresentando-se, para sua surpresa, bem nítidas as cenas de que participara, assim como as palavras que mentalmente Durîbio lhe enviara e que ainda pareciam ressoar nos ouvidos da sua alma complacente e generosa.

Era precisamente meio-dia, quando a família Castro assentou-se ao redor da mesa para o desfrute de lauto almoço.

Júlia, como sempre fazia, iniciou sincera e emotiva oração, agradecendo a Deus pelo alimento, pelo teto, pela vestimenta, pelo conforto do leito, pela saúde e pela vida que tanto prezavam.

Domingos e Paulo, indiferentes às palavras que Júlia amorosamente emitia, esperavam ansiosos para que logo findasse aquela arenga e pudessem finalmente iniciar a tão aguardada refeição.

Terminada a oração, o almoço iniciara-se, transcorrendo naturalmente.

Júlia, sempre que possível, aproveitava-se destas ocasiões em que toda a família Castro se encontrava reunida para externar, através da palavra sempre delicada, pensamentos de fraternidade e amor que adornavam sua mente e que, antes, já se haviam banhado no mar de bondade de que estava repleto o seu coração de esposa e de mãe.

Pedro e Alice, invariavelmente, demonstravam sua concordância adicionando, por vezes, seus inocentes comentários.

Domingos, avesso às conscienciosas ponderações, quase sempre polemizava, discordando do raciocínio da esposa, colocando na sua fala palavras rudes e recriminatórias, fazendo valer-se da sua autoridade, para, com isto, impor seus pontos de vista, tendenciosamente materialistas, delatando o egoísmo contumaz que estava sempre ao seu encalço.

Equivocadamente, atribuía a si próprio valores que somente os seus olhos nublados pela vaidade poderiam enxergar e que, de fato, não possuía, fazendo-o acreditar no erro como se fosse inquestionável verdade.

Paulo, em silêncio, avidamente absorvia aquele rústico discurso como se fosse o mais puro e saboroso dos néctares.

Espíritos ali presentes, mantendo o mesmo compasso vibratório de Domingos, insuflavam-lhe estes pensamentos desprovidos de bom senso e amor, comprazendo-se por terem sido captados pelo rude senhor de engenho e, imediatamente, exteriorizados com incrível fidelidade, contaminando a alma de Paulo já predisposta a assimilá-los.

Júlia, sensível e inteligente, para evitar atritos, mantinha-se durante estes momentos quase sempre calada, porém, logo em seguida, encetava despretensiosa conversação, trazendo de volta a harmonia e a paz que, há pouco, haviam sido maculadas.

Findo o repasto, educadamente, Joana adentrou o recinto e dirigindo-se a Domingos informou-o de que Raimundo o aguardava na sala de estar, necessitando urgentemente falar-lhe.

Visivelmente molesto, encaminhou-se, imediatamente, para o local onde o capataz o aguardava.

Raimundo, demonstrando sagaz ansiedade, apressou-se em comunicar ao ambicioso patrão que, naquela manhã, lhe pareceram os escravos morosos no desempenho das suas respectivas atribuições e, salvo engano seu, a produção fora menor do que as anteriores.

Domingos, num átimo, alterou o semblante. Seu rosto, subitamente, se avermelhara, seus olhos externaram a raiva que, repentinamente, visitava o seu coração fazendo-o pulsar acelerado, compelido pelo desejo asselvajado de desforra, instigando-o a punir sem piedade os infratores.

Em seguida, extremamente enervado, partiu a cavalo rumo ao canavial acompanhado por Raimundo. O capataz durante o curto trajeto lhe disse, mal disfarçando o desejo de que suas desconfianças se confirmassem:

— Tenhamos calma. Só teremos certeza absoluta das nossas suspeitas no final da tarde, quando soubermos, exatamente, o que foi produzido no dia de hoje, em comparação com os dias anteriores.

Na intimidade do seu ser, cruelmente comprazia-se, percebendo que houvera conseguido insuflar o ódio no coração de Domingos, antevendo impiedosos castigos para os escravos, antegozando pelos seus próximos padecimentos.

Ao chegarem ao canavial, rapidamente, reuniam grupos de escravos, para que a produção não fosse prejudicada, enquanto Domingos com palavras rudes e arrogantes lhes comunicava:

— No final do dia compararei a produção de hoje com a dos dias anteriores e se for inferior, durante 4 dias o armazém que abastece a senzala estará fechado e, durante este período, irão manter-se, unicamente, com os produtos nela remanescentes.

Dito isto, puxava bruscamente as rédeas da sua montaria partindo em companhia de Raimundo para outro local, onde repetia a cada grupo de escravos as mesmas palavras, insuflando o temor aos seus subordinados.

Dominado pela raiva, veneno sutil que lhe corroía as entranhas, Domingos desenergizara-se e, ao chegar à sua residência, sentira um súbito mal-estar, sendo, imediata e carinhosamente, assistido pela doce esposa que, pressurosa, lhe preparou um chá de ervas, na tentativa de amainar sua visível indisposição.

Júlia o convenceu a deitar-se permanecendo ao seu lado, aguardando suas melhoras.

Alice, que a tudo presenciara, aproximou-se do pai que tanto amava e, cheia de ternura, beijou seu rosto empalidecido, dizendo-lhe com a pureza do seu coraçãozinho cheio de meiguice, ingenuidade e amor:

— Papai, as dores que o senhor está sentindo os escravos também sentem?

Surpreendido pelo conteúdo da indagação, anestesiado por aquelas palavras, dirigiu o olhar para a criaturinha e, sem nada responder, simplesmente, acariciou seu rostinho corado e cheio de vida.

Se outra pessoa o tivesse assim questionado, provavelmente responderia à indagação com a sua habitual grosseria, deserdada de bom senso e sensibilidade, próprias do seu caráter egoístico e irracível.

Porém, dita com aquela vozinha ternurosa, repleta de inocência, encerrando tão insofismável verdade, pela primeira vez Domingos percebeu seu coração sensibilizar-se porém, sua mente tendenciosa, imediata e friamente tratou de esquecê-la e desprezá-la.

Júlia, atenta ao monólogo, encaminhou o seu olhar afetuoso para Alice e ao mesmo tempo em que acarinhava seu rostinho lindo, lhe disse com indisfarçável coragem e convicção:

— Minha querida, os escravos são gente como nós. Por isso mesmo passam por momentos de alegria, de tristeza, sofrem dores, amam e possuem tantos outros sentimentos como todos nós.

Domingos, com os olhos fechados, permaneceu calado, como se nada houvesse escutado, abstendo-se, propositadamente, de qualquer observação.

Hora e meia houvera transcorrido quando o senhor do engenho, evidenciando melhora, mandou chamar Raimundo para comunicar-lhe que no final da jornada escrava, juntos, iriam verificar a produção efetuada.

Assim, quando o sol estava prestes a despedir-se das terras da família Castro, patrão e capataz constataram, sem surpresa, a queda no rendimento produtivo do dia.

Raimundo, com ar vitorioso, exteriorizando uma indisfarçável mescla de satisfação e ódio, se apressou a dizer para Domingos:

— O que eu previa confirmou-se. Estes negros estão revidando o justo castigo que ontem aplicamos ao escravo Jerônimo.

Imediatamente após, chicotearam os seus cavalos, demandando, céleres, para onde se localizava o citado armazém.

Tratava-se de rústica construção, próxima da senzala, onde eram guardados produtos essenciais a serem distribuídos, com evidente parcimônia, aos escravos que militavam no operoso e próspero engenho de cana.

Ali chegando, utilizando-se de palavras ásperas, Domingos disse a Gustavo, o responsável, com evidente prepotência:

— Durante quatro dias este local permanecerá fechado. Daqui não sairá um só grão para os escravos, para que estes ingratos possam sentir na própria carne, a afronta que fizeram, e, ao mesmo tempo, valorizarem o trabalho de que foram incumbidos.

Gustavo tentou esboçar alguma palavra, entretanto, Domingos e Raimundo não lhe deram ouvidos, partindo súbito, só restando a Gustavo cumprir as ordens que houvera recebido.

6

Após rápida convalescença, durante a qual Jerônimo compartilhara as mesmas restrições alimentares que foram, injustamente, impostas a todos os escravos, constatara, feliz, que em momento algum, ouvira uma única palavra ou mesmo notara um só gesto ou atitude de reprovação por parte dos seus companheiros de infortúnios.

A espontaneidade dos seus sorrisos, sempre acompanhados por palavras de estímulo e coragem que delatavam o carinho e a amizade com que lhe presenteavam, apaziguaram o seu humilde coração, dando-lhe a certeza de que o repúdio pelo seu gesto ingênuo e impensado, não fora enclausurado em suas almas que continuaram a ofertar-lhe, incondicionalmente, a mesma lealdade e consideração.

As atitudes dos escravos para com Jerônimo, deixavam evidente que dividiam com ele as suas dores, aguardando com ansiedade um breve restabelecimento, ao mesmo tempo em que condenavam, em silêncio, os maus-tratos que fria e desapiedosamente lhe houveram imposto.

Entre aqueles corações humildes, acumpliciados pelos mesmos dissabores, não existia o ódio, o rancor ou disputas dentro da senzala. Nos momentos mais difíceis, mutuamente se ajudavam, evidenciando as jóias da solidariedade que emergiam do íntimo dos seus seres combalidos e desprezados.

Era o aroma perfumoso da fraternidade que pairava entre as toscas paredes da modesta vivenda, exaltando o amor, única propriedade que, verdadeiramente, possuíam.

Duríbio, sempre atento e pressuroso, ciente das dificuldades que seus irmãos de cor enfrentavam no dia-a-dia das suas existências, com perspicácia e paciência, sempre inspirado por amigos que lhe faziam dúlcida companhia, presenteava-lhes com palavras de sabedoria, enriquecendo o ambiente com a musicalidade da compaixão e da verdadeira amizade.

Aconselhando, amainando as dores físicas e espirituais, ofertando a todos sem restrições o tesouro da esperança, concitava-os a consciente e resignadamente prosseguir em suas jornadas, sempre fazendo-se acompanhar pelo sorriso cheio de sinceridade e pelo olhar terno que espelhavam a pureza da sua alma.

Restabelecido, Jerônimo sentindo-se incomodado por aquela sua imprudente atitude que provocara a ira do senhor do engenho, repercutindo na penalização injusta dos demais escravos, numa noite, quando todos estavam presentes na senzala decidira falar-lhes.

Subindo em pequeno banco que o tornava proeminente, solicitara-lhes que lhe dessem alguns instantes de atenção.

Vendo-se atendido, com palavras simples que externavam a sinceridade do seu ser, pediu desculpas pela atitude que houvera tomado dias atrás e que tanto os havia prejudicado, agradecendo-os em seguida por haverem compartilhado as suas agruras, brindando-o com a riqueza do perdão e da amizade.

Após, endereçando o olhar para Duríbio como que a pedir-lhe o aval para o que haveria de dizer, sentira-se encorajado a exteriorizar o pensamento que, naqueles instantes, o acossava.

Assim, evidenciou a sua velada censura pela incontestável reação de desforra que seus irmãos de infortúnio promoveram face a atitude, sem dúvida hostil, tomada por Domingos.

Terminada sua fala, Jerônimo encaminhara-se até onde Duríbio se encontrava, abraçando-o comovido, sentindo que o preto velho retribuíra seu gesto com a mesma intensidade, aprovando, silenciosamente, a postura corajosa que, há pouco, demonstrara.

Imediatamente fora ao encontro de cada um dos companheiros de desdita, abraçando-os, agradecido pela solidariedade recebida nos momentos difíceis que houvera vivenciado.

Em seguida, os escravos passaram a entoar cânticos que externavam a alegria e a esperança que enfeitavam as suas almas naqueles instantes, dando-lhes a coragem para enfrentar, no amanhã, mais uma dura jornada de trabalho.

No dia seguinte, enfileirados, deixaram a senzala dirigindo-se para as suas costumeiras obrigações, sendo acompanhados pelo olhar arguto de Raimundo que procurava certificar-se da presença de todos.

Jerônimo fora o primeiro a apresentar-se e, ao passar diante do capataz, endereçou-lhe expressivo olhar que denotava a resignação que emergia das suas entranhas.

Raimundo, orgulhoso, desprovido de nobres sentimentos, instintivamente, entendera aquela atitude do escravo como se o estivesse repudiando pelos castigos que lhe impusera.

Entretanto, envolvido e inspirado por amigos espirituais ali presentes, conseguira, momentaneamente, refletir e certificar-se de que naquele olhar não existia revolta, mas, simplesmente, resignação de quem recebera a devida punição pelo erro cometido.

Desvencilhando-se, então, daqueles pensamentos, postara-se, arrogante, diante dos escravos, observando-os com a hostilidade que o caracterizava, segurando nas mãos o chicote ameaçador que o encorajava a exercer, com visível soberba, sua autoridade.

7

A faina, como de hábito, mantivera-se durante todo o dia, com o sol quente incidindo sobre os corpos quase desnudos e suarentos dos escravos que manuseavam a cana, transformando-a, gradativamente, em açúcar, riqueza de inestimável valor naquela época.

A noite, finalmente, conseguira vencer o dia, cobrindo com seu manto escuro as terras da família Castro.

Na senzala, assentados em bancos toscos, em seus catres e no próprio chão batido, os escravos após o modesto repasto, comumente, entretinham-se em variadas conversações, relatando suas alegrias, tristezas, saudades, expectativas, no tentame de tornar menos áspero o chão dos seus caminhos, estimulando-se mútua e resignadamente a prosseguir.

Duríbio, atento, discretamente observava o comportamento de cada escravo e tão logo notava qualquer indício de tristeza, mágoa, desilusão, dele amorosamente se aproximava, procurando, com sábias palavras, dar-lhe novo ânimo, concitando-o à responsabilidade e ao trabalho, ofertando-lhe a esperança dulçorosa de um novo amanhã.

Num canto da senzala, agachado, cabisbaixo, com o dedo deslizando, sem rumo, sobre o chão de terra batida, o escravo

Getúlio era a imagem viva do desalento, transpirando a desilusão e a revolta que haviam se apossado da sua alma ingênua e ansiosa, na busca incessante da vã felicidade.

Órfão de mãe, havia pouco tempo, sem nunca ter conhecido o próprio pai, mantinha-se quase sempre calado, apartado dos demais integrantes da senzala, não participando das conversas e dos cânticos que, de alguma forma, desanuviariam a névoa de melancolia que, teimosamente, o envolvia.

Sua mente solitária, fora cultivando o desejo infeliz da fuga, sem saber que estava preparando para o amanhã da sua existência, o sumo amargoso que, obrigatoriamente, haveria de sorver.

Durîbio, havia já alguns dias, vinha percebendo o agravamento desse desagradável comportamento do jovem escravo, notando-o cada vez mais enlaçado pela solidão, aprisionado pelos seus íntimos pensamentos.

Assim sendo, o meigo preto velho dele se aproximou, passando delicadamente a mão sobre o cabelo encarapinhado do jovem escravo que, surpreendido, levantara o semblante fitando Durîbio, ao mesmo tempo em que esboçava fraternal sorriso.

O preto velho, sentindo-se amistosamente acolhido, pedira-lhe permissão para assentar-se ao seu lado, com o que Getúlio de imediato concordou.

O jovem sentira que Durîbio, de alguma maneira, havia desconfiado, talvez até detectado o que estava a conjeturar. Sem que pudesse evitar, seus olhos marejaram, denunciando os sentimentos que, naquele instante, enredavam a intimidade do seu ser.

O doce velhinho, antes de iniciar a conversação, sorrira, expondo, despretensiosamente, seus dentes alvos e brilhantes como pérolas que, contrastando com a pele negra do seu rosto, exteriorizavam a pureza incontestável da sua alma. Em seguida perguntou-lhe:

— O que está amofinando o teu coração?

— Por que esta tristeza no semblante?

— Por que esta amargura no olhar? Por que, filho?

— Por quê?

Getúlio, mal disfarçando as sensações que o perseguiam, disse com a voz entrecortada de emoção:

— Nada, meu velho amigo.

— Simplesmente vivo momentos de imensa melancolia, saudade e solidão!

Duríbio, por alguns instantes mantivera-se calado, depois, com o olhar ternuroso, depositou-o nos olhos entristecidos do jovem escravo dizendo-lhe, com pacienciosa convicção:

— Não tenhas receio filho. Exteriorize através dos teus lábios, o sentimento que vem agitando o teu coração. Divida, com este preto velho, as dores da tua alma para que eu possa, ao menos, tentar te ajudar, na esperança de te devolver a alegria que há algum tempo de ti se afastou.

Getúlio comovera-se, rendendo-se àquelas doces e sinceras palavras, deixando que lágrimas rolassem pelas suas faces, expressando as incontidas emoções que, naquele momento, afloravam do imo do seu ser combalido e só.

Em seguida disse-lhe, aliviado:

— É verdade, meu amigo. Meu coração chora e estas lágrimas, são algumas das tantas que estão aprisionadas na minha alma.

Duríbio, suavemente, passara a mão sobre sua cabeça dizendo-lhe, com carinhosa energia:

— Denuncie o inimigo atroz que de ti se apoderou, nublando teus olhos, acinzentando teus dias, fazendo-te sofrer.

O jovem escravo, vencido pela argumentação conscienciosa, passara a relatar os motivos do seu incontestável desalento.

Isaura, sua mãe, houvera desencarnado há poucos anos e, a partir de então, Getúlio sentira-se ferido pelo aguilhão da separação, passando a ser perseguido pela solidão que, sutilmente, se tornara fiel companheira.

Apesar da amizade que desfrutava junto aos demais escravos, a lhe presentearem com suas companhias, sentia imensa saudade daquela bondosa criatura que houvera deixado rastros de profundo amor no seu jovem coração, adornando os seus dias com sua presença, sempre carinhosa, paciente e compreensiva.

Todas as noites, antes de dormir, Getúlio orava pela sua querida e durante o sono, muitas vezes, seus olhos espirituais foram premiados pela dúlcida visão da sua silhueta, do seu rosto, do seu sorriso, estendendo-lhe os braços, amplexando-o amorosamente. Aconselhava-o, pelas vias do pensamento, a compreender a vida, resignando-se, estimulando-o ao trabalho responsável e produtivo, tesouro bendito que o Pai lhe ofertava para fazê-lo esquecer-se dos reveses e das desilusões, afastando-o da tristeza que, teimosamente, vinha em seu encalço.

Seu semblante denotava a mesma bondade de outrora e, com inenarrável ternura, procurava incitá-lo a mudar sua forma pessimista de pensar, envolvendo sua mente em ondas de paz, na tentativa de fazê-lo vislumbrar novos horizontes, distanciando-o das veredas escurecidas e perigosas do negativismo e do desânimo.

Quando Getúlio, ansioso, mais queria saber, mais perguntar, Isaura, pacienciosa e plena de meiguice, mentalmente lhe dizia:

— Por ora é só o que posso te dizer, meu querido.

— Reflitas, procures semear o amor onde e com quem estiveres, para que no amanhã venhas a colher flores perfumosas e não mais espinhos que ferirão a tua alma, retardando os teus passos.

Em seqüência, a imagem lentamente se desvanecia, deixando pegadas profundas de saudade no jovem escravo, carente do carinho da sua presença, do incentivo da sua palavra, da ajuda dos seus braços, do calor do seu coração, amainando seus sofrimentos, alegrando o seu viver.

A dor da ausência invadia a alma de Getúlio, dilacerando-a, transportando a consternação dorida que fazia-se acompanhar pela solidão contumaz, assediando-o desapiedadamente.

Outras noites, porém, via-se na presença de um negro robusto, trajado como escravo, que tentava convencê-lo a fugir, apartar-se daquela senzala, partindo para outras plagas em busca da felicidade que, até então, não houvera se apresentado em sua vida.

Desperto, confessava-se inclinado a colocar em prática estas orientações malsãs, entretanto, recordando-se dos conselhos da sua mãe, não as colocava em prática, permanecendo, porém, a dúvida que, teimosamente, o instigava, fazendo morada em sua alma sofrida e desesperançada.

Durante toda a exposição que, emocionadamente, o escravo lhe fizera, Duríbio permanecera calado, em silêncio, sorvendo cada frase, cada palavra, mergulhando-as nas águas tépidas do seu coração para, em seguida, transformadas, passassem a ser externadas através dos seus lábios sob a forma de aconselhamentos plenos de insofismável sabedoria. Getúlio sorvia-os como se fossem gotas de mel dulcificando sua alma.

Em seguida, o preto velho, inspirado por Dimas, seu mentor espiritual, com a voz denotando incontestável paz disse, esboçando terno sorriso, acompanhado de compreensivo e afetuoso olhar:

— Filho querido, muitas vezes, temos de sentir a dor da separação daqueles que amamos para dar a cada um, o devido valor, agradecidos pela convivência e pelo amor que nos ofertaram enquanto estiveram ao nosso lado.

— Estas criaturas que enfeitaram as nossas existências, nos protegeram, nos alimentaram, nos vestiram, nos acarinharam sem nada pedirem; foram capazes de muitas renúncias, esquecendo-se delas mesmas para nos darem o mais puro amor, único bem que na Terra possuíram.

— Assim, estes seres, como se fossem anjos, nos ensinaram os segredos do verdadeiro amar, sempre prontos a servirem, compreenderem e perdoarem, dando-nos novas chances para corrigir os nossos erros e prosseguirmos em busca de um melhor amanhã!

— Getúlio, a presença da tua mãezinha, em Espírito, nos teus sonhos foi o prêmio com que ela te presenteou, estimulando-o a responsabilidade e ao trabalho, jóias de elevado valor.

— Tentes recordar as noites em que a doce Isaura veio adornar os teus sonhos e irás constatar que, em todas elas, quando o teu corpo físico buscou o leito, carregando em suas entranhas a resignação, preparavas, sem saber, os caminhos para que o Espírito de tua querida mãezinha pudesse vir ao teu encontro. Porém, em outras noites em que o teu coração se encontrava inconformado, pessimista, era o Espírito do negro escravo que vinha à tua presença, procurando incutir-lhe maus pensamentos, estimulando-o a fuga insensata e perigosa.

— Assim, por esta estrada que tu mesmo traçaste, forrando o chão com as pedras pontiagudas da revolta, tua querida não conseguia por ela transitar, sentindo-se impossibilitada de achegar-se a ti e de te ofertar a harmonia e a paz de que tanto necessitas.

— Getúlio, valorizes cada momento da tua existência e percebas as riquezas com que Deus te presenteou.

— Teus olhos que te permitem enxergar as cores e o brilho do mundo em tua volta; os ouvidos que te premiam com a possibilidade de escutar os sons da natureza que te fazem constante companhia; a fala que te permite exteriorizar os pensamentos, dialogando com os demais seres que se encontram ao teu lado; os braços e as mãos saudáveis aptas para o trabalho e para a caridade; as pernas que te facultam locomover-se sem restrições; e enfim um coração que pulsa no teu peito pronto para amar.

— Portanto, és um homem rico. Quantos seres humanos dariam tudo para desfrutar as riquezas que tu tens e que não dás o devido valor?

— Procures compreender que os senhores do engenho estão nos oferecendo o teto, o alimento, a vestimenta, o leito e a bênção do trabalho, árduo, eu sei, porém honesto, em favor do bem comum.

— Dês o devido valor a estas jóias e os teus olhos serão mais serenos, teus ouvidos mais pacientes, tua fala mais doce, teus braços mais fortes, tuas mãos mais caridosas, tuas pernas mais resistentes e teu coração mais sensível e amoroso.

Envolvido por estas sábias palavras, Getúlio permanecera absorto e, enquanto os seus ouvidos captavam o verdadeiro sentido das frases, seu semblante e seu olhar denunciavam o licor perfumoso que Duríbio vertia através dos seus lábios, intentando acalmá-lo, fazendo-o compreender a vida em suas diversas facetas, estimulando-o a conquistar a paz.

Após alguns instantes em que o preto velho mantivera-se em silêncio, aguardando que Getúlio pudesse refletir e absorver o que acabara de dizer, continuou convincente:

— Não foram sonhos que tu tiveste, filho.

— Tua mãezinha, em Espírito, veio te visitar trazendo o conforto e o carinho da sua presença, estimulando-te à resignação e ao trabalho, da mesma forma que o Espírito do negro escravo também veio à tua procura, estimulando-te à revolta e à fuga, em busca das ilusões que o mundo enganosamente te oferece.

Getúlio, veramente impactado pelas conscienciosas palavras emitidas, vivamente comovido, com os olhos desmesuradamente abertos, plenos de expectativas, perguntou ansioso a Duríbio:

— Meus sonhos então foram reais, foram verdadeiros?

O preto velho abrindo um sorriso franco, exalando ternura, lhe disse:

— Sim, foram verdadeiros, filho. Cabe agora, somente a ti, decidir qual dos conselhos irás seguir. A escolha é tua. A semeadura é livre e a colheita será obrigatória.

O jovem escravo baixara a cabeça e, instantes após, a levantara, cravando o olhar nos olhos negros de Duríbio para, em seguida, abraçá-lo, visivelmente emocionado, sussurrando bem junto ao ouvido atento do preto velho:

— Tiraste um peso enorme do meu coração e mais uma vez te digo; muito obrigado irmão!

Ambos levantaram-se e, instantes após, Duríbio observava Getúlio junto a um grupo de escravos entretendo-se em descontraída conversação, delatando que sua alma fora acariciada pelos eflúvios benfazejos da compreensão, aportando-lhe momentos de contentamento e serenidade.

Amigo leitor. No carreiro das nossas existências, momentos existem em que, pessoas amoráveis, nos dão o privilégio do convívio, emitindo palavras e tomando atitudes revestidas do conselho fértil e salutar que, incontestavelmente, causam impactos em nossa intimidade espiritual, fazendo-nos pensar, refletir, incitando-nos a mudar o comportamento, enxergar novos horizontes, possibilitando-nos vislumbrar as veredas que nos farão aproximar da tão decantada felicidade.

Nossa alma é capaz de sentir e avaliar a insofismável realidade que encerram e o perfume que exalam, entretanto, os seres humanos, ainda prisioneiros dos instintos que inebriam os seus sentidos, coagidos pelo egoísmo pertinaz que lhes faz desagradável companhia, vêem-se impotentes para poder desfrutar aquelas benesses, distanciando-se dos caminhos que o Cristo Jesus, amorosamente, lhes preparou, permanecendo na inércia espiritual, enraizando-se cada vez mais no mundo efêmero e enganador da matéria.

Olvidando essas jóias da fraternidade, vêmo-los recair nos mesmos erros, cometer os costumeiros desatinos, infelicitando o seu hoje, semeando o desamor, obrigando-se a colher no porvir o fruto extemporâneo e amargoso resultante das suas próprias intemperanças e da imaturidade do seu Espírito.

Assim ocorrera com Getúlio que, em princípio, acolhera, através dos ouvidos da carne, as sábias palavras de Duríbio, mas que, infelizmente, não conseguiram penetrar a intimidade do seu coração para amainar a ansiedade, descabida e perigosa, que sua alma rebelde e frágil mantinha aprisionada.

No dia seguinte, o escravo já havia esquecido aqueles nobres ensinamentos, pondo-se a acalentar o desejo infeliz da fuga, na esperança enganosa de encontrar a liberdade.

8

Duríbio, em uma das noites, fora em sonho visitado pelo Espírito Isaura que lhe pedira para que continuasse a aconselhar seu filho, na tentativa amorosa de evitar que viesse a cometer o desatino que, teimosamente, fustigava os seus pensamentos.

Na verdade, era o próprio Espírito Duríbio, desprendido do seu corpo físico, que se encontrava na presença da bondosa mãe de Getúlio, usufruindo sua ternurosa companhia.

Pela manhã, o preto velho mantinha bem nítida em sua memória, aquelas cenas ocorridas durante o sonho e, fraternalmente, se propora a atender o pedido que Isaura lhe houvera feito.

Nos dias subseqüentes, Duríbio mantivera saudáveis diálogos com o jovem escravo, procurando apagar da sua mente aquelas idéias insanas que dele não queriam se apartar.

O olhar de Getúlio demonstrava que as frases emitidas o impactavam, mas Duríbio percebia que não conseguiam aninhar-se nas entranhas da sua alma, motivando-o a, definitivamente, desvencilhar-se daqueles desejos malsãos que iriam causar-lhe sofrimento e desilusão.

Getúlio, ora parecia propenso a mudar sua forma de pensar, ora sentia-se enredado pelos mesmos infelizes desejos, tornando-se deles escravos.

Certa manhã, o jovem despertara trazendo, no imo da alma, a convicção de que deveria evadir-se e, assim, quando Duríbio intentara dele se aproximar para cumprimentá-lo desejando-lhe um bom dia e abraçá-lo como de costume, Getúlio absorto e com os olhos congestos, denunciando a noite mal dormida, esquivara-se, visivelmente molesto.

O preto velho, pelas vias da inspiração, constatara que o pobre Getúlio encontrava-se irremediavelmente obsidiado pelo Espírito daquele negro escravo que, durante o sono o visitava, decidindo-se a fugir.

Sentindo-se impossibilitado de intentar qualquer aproximação, pois Getúlio, apressado, deixara a senzala, enfileirando-se aos demais escravos para a diária inspeção do capataz da família Castro, Duríbio, a passos lentos, encaminhara-se para um canto da senzala, pondo-se a rezar.

Dos seus olhos cansados, brotaram lágrimas doridas que deslizaram, incontroláveis, pelas suas faces negras, expondo as emoções que o visitavam, convencendo-se de que os seus esforços não haviam sido capazes de demover os pensamentos que açoitavam a intimidade de Getúlio, prestes a cometer, por seu próprio arbítrio, o desvario de imprevisíveis conseqüências.

Assim para Duríbio, só restara recolher-se e orar, solicitando aos amigos espirituais que procurassem interceder junto a Getúlio, na expectativa de fazê-lo retroceder no seu insensato querer.

Durante todo o dia os escravos, inclusive Getúlio, enfrentaram o exaustivo trabalho e, no final da tarde, visivelmente extenuados, retornaram à senzala para o justo refazimento e, também, desfrutarem algumas poucas horas de salutar convívio com os seus queridos.

Getúlio, impaciente, envolvido por ansiedade inabitual, que denunciava o descontrole emocional que o estiletava, durante todo o tempo que permanecera na senzala esquivara-se, como pôde, da companhia de Duríbio pois já houvera decidido evadir-se e não mais queria escutar os seus aconselhamentos que, até então, o haviam influenciado, a tal ponto, de quase fazê-lo desistir do seu intento.

O amorável preto velho, sutilmente, o observava e, num dado momento, percebera que o jovem escravo apanhara pequeno farnel e, dissimulando, colocara ali alguns poucos víveres que, previa, seriam suficientes para alimentá-lo durante o seu imprudente empreendimento.

Em seguida, após tentar certificar-se de que não estava sendo observado, deixara a senzala, levando consigo o farnel encoberto por modesta vestimenta que, comumente, utilizava em seu trabalho, como se fosse providenciar sua devida higiene.

Duríbio concluíra que Getúlio deixara o pequeno volume em algum lugar, escondido, para, no dia seguinte, resgatá-lo e partir, concretizando o seu plano.

Esperançoso, Duríbio intentara, uma vez mais, manter com Getúlio, que já houvera retornado à senzala, um derradeiro diálogo, entretanto, tão logo dele se aproximara, foi recebido com um olhar desdenhoso ao mesmo tempo em que seus olhos, repentinamente congestos, evidenciavam o desconforto que a doce presença do preto velho lhe causava.

O bondoso velhinho, naquele exato momento, pelas vias da mediunidade, vira claramente, o Espírito do escravo que assediava Getúlio o envolver com seus pensamentos odientos, colocando sua mão sobre o seu ombro demonstrando o seu domínio, pondo-se em seguida a sorrir prepotente, como que a exibir os louros da sua pretensiosa e descabida vitória.

Getúlio, na sua ingenuidade, tomara conhecimento de que, provavelmente, a poucos dias de caminhada das terras da família Castro, haveria de encontrar um quilombo que o abrigaria, colocando-se a salvo do trabalho escravo que realizava no engenho de cana e, também, das humilhações a que, constantemente, era submetido, ensejando-o a vislumbrar outras paisagens, um novo futuro.

Ao deitar-se, apreensivo e ansioso, demorara para conciliar o sono e tão logo fora por ele enlaçado, desvencilhando-se do veículo carnal, o negro escravo que o perseguia, viera à sua presença, encorajando-o a persistir no seu propósito desajuizado.

Ao clarear o dia, Getúlio enfileirara-se junto aos demais escravos para submeter-se à costumeira inspeção do capataz do engenho.

Perspicaz, Raimundo notara Getúlio um tanto quanto impaciente pois seu olhar, seus gestos e o próprio caminhar assim o delatavam. Após fitá-lo com a arrogância que o caracterizava, o jovem escravo sentira medo de que os seus pensamentos o tivessem traído, exteriorizando os planos que enredavam sua alma opressa.

Por instantes permanecera estático, ingenuamente imaginando-se descoberto, quando a voz de Raimundo autoritária se fizera ouvir dizendo-lhe, aliviando suas suspeitas:

— O que esperas aí parado, negro indolente? Avia-te, vamos ao trabalho!

Imediatamente o escravo o obedecera, rumando, juntamente com os demais, para o exaustivo labor.

Meia hora após ter iniciado as suas habituais tarefas, Getúlio não mais encontrava-se no seu posto, havia fugido, tornando-se um desertor, embrenhando-se pelo canavial que lhe dava guarida, acobertando o seu ato insano e arriscado.

Sentia-se feliz, imaginando-se finalmente livre, sem se dar conta de que estava, tão-somente, plantando o ódio no coração de Domingos e do seu capataz que, no amanhã, o obrigaria a penosa colheita.

Durante todo o dia, Raimundo permanecera encimesmado com a estranha conduta de Getúlio e, por vezes, mostrou-se propenso a dirigir-se até onde se encontrava para melhor observá-lo, entretanto o acúmulo de afazeres não lhe permitiu concretizar suas intenções.

Arguto, no final da tarde postara-se diante da senzala para observar a chegada dos escravos, a fim de averiguar se todos para ali retornavam após a estafante labuta quando constatara que Getúlio, de fato, não havia regressado.

Desconfiado, perguntara aos escravos se sabiam do seu paradeiro e como ficara convencido de que desconheciam o ocorrido, o capataz sentiu crescer suas suspeitas de que Getúlio houvera cometido alguma falta que, presumia, ser grave.

Visivelmente transtornado, deixando transparecer através das faces subitamente avermelhadas o ódio que nele se instalara, partira, rápido, em direção à casa grande para comunicar sua suspeição ao senhor do engenho.

Tão logo contatara Domingos, colocou-o a par da situação e este, perplexo, visivelmente irritado, sem titubear, ordenara a Raimundo que fosse à procura de Juvêncio, conhecido e temido capitão do mato, convocando-o a partir, o mais rapidamente possível, ao encalço do fugitivo, oferecendo-lhe polpuda recompensa para que, a todo custo, trouxesse o fujão de volta à sua propriedade para receber a devida corrigenda que o seu coração despótico friamente exigia.

Antegozando os duros castigos que, certamente, Domingos o iria incumbir de aplicar no pobre escravo, tão logo fosse capturado, seus lábios delinearam um sorriso velhaco, deleitando-se com o ocorrido e suas prováveis conseqüências.

Rapidamente fora ao encontro da sua montaria, partindo a galope em busca de Juvêncio para informá-lo sobre o acontecido e solicitar-lhe a colaboração na solução daquele impasse.

9

Homem forte, astuto, corajoso e experiente, o capitão do mato estava habituado a recapturar escravos fugitivos, na maioria das vezes, trazendo-os de volta aos seus locais de origem.

O rude capataz, diante da moradia de Juvêncio, notara que este encontrava-se em pé na pequena varanda que circundava a rústica construção, como se já o aguardasse, necessitando, tão-só, receber suas ordens para partir em cumprimento da missão que iria propor-lhe.

Querido leitor. Da mesma forma que os bons pensamentos singram os ares entoando dúlcida sinfonia espiritual que une e acaricia as almas entrelaçadas pelo amor, os maus pensamentos também seguem as mesmas trajetórias, carreando os sons desarmoniosos e agressivos do desamor que distanciam as criaturas das veredas floridas da fraternidade, retardando seus passos, fazendo-as colherem as tristezas e os dissabores que houveram, desta forma, livremente semeado.

Juvêncio pressentia que, a qualquer momento, alguém viria ao seu encontro para solicitar seus habituais serviços.

Na verdade, o mesmo Espírito do escravo que, com certa freqüência, se fazia presente nos sonhos de Getúlio, assim também comparecia nos sonhos de Juvêncio, fazendo com que viesse a pressentir futuros acontecimentos.

Este Espírito que, teimosamente, lhes fazia companhia, nada mais era do que infeliz obsessor que, em encarnação passada, tivera sua vida ceifada pela falsidade e insensatez de Lino, atualmente Getúlio, passando então de antiga vítima para cruel algoz, tramando com frieza sua tão esperada vindita.

Juvêncio, tão logo fora comunicado, aceitara de pronto a incumbência que lhe fora destinada.

Durante breve conversação, o capitão do mato procurara inteirar-se dos detalhes da fuga, assim como do próprio fugitivo.

Deduzira, rapidamente, que devido a inexperiência e conseqüente ingenuidade do jovem escravo, além de estar só naquela imprudente empreitada, não lhe seria difícil trazê-lo de volta às terras de onde, aloucadamente, houvera partido.

A seguir passara a abastecer os seus alforjes com o que achava necessário, encheu o seu cantil e após despedir-se de Raimundo, partira em cumprimento da incumbência a que, incondicionalmente, aceitara.

Após algumas horas de dura cavalgada, aproximara-se de pequeno riacho de águas límpidas para mitigar a sua sede e do seu fiel animal. A seguir, dirigira-se para local isolado e protegido a fim de desfrutar o sono reparador, para na manhã seguinte, descansado, reencetar a procura da sua presa.

Conhecedor da região sabia que, dali a aproximadamente seis horas de cavalgada, havia um quilombo que albergava bom número de escravos fujões e que, obviamente, acolheria de bom grado o jovem Getúlio.

Pouco antes do raiar do sol, Juvêncio se encontrava a caminho em direção ao quilombo, na expectativa, quase certeza, de que o fugitivo para lá se encaminharia em busca de abrigo.

Pouco depois do meio-dia, o capitão do mato já se encontrava escondido no meio de abundante vegetação, situada numa pequena elevação do terreno que lhe possibilitava observar extensa área, situada relativamente próxima de onde se encontrava o referido quilombo.

Antes que a noite beijasse o chão daquelas plagas verdejantes, Juvêncio, sagazmente, percebera ligeira movimentação nas folhagens, a pouco mais de uma centena de metros do local onde se encontrava camuflado.

Estático, prendendo a respiração, por instantes permanecera à espreita, procurando assenhorear-se da situação.

Sem tirar os olhos daquele ponto, permanecera como um felino, a observar sua presa, aguardando o momento preciso para dar o bote fatal.

Cauteloso, passo a passo dirigira-se ao local das suas suspeitas quando, jubiloso, vira escondido entre arbustos, o corpo cansado, suarento, prestes a adormecer de um escravo que, pela descrição que Raimundo lhe houvera feito, deveria tratar-se de Getúlio.

Finalmente o havia encontrado.

Surpreendido, sem ter condições de reagir, o escravo fora completamente dominado por Juvêncio que, rapidamente, prendera e amarrara suas mãos às costas, sendo, em seguida, conduzido até onde o capitão havia deixado sua montaria.

Após atar-lhe os pés e as pernas, Juvêncio colocara o corpo submisso de Getúlio, de bruços, sobre o lombo do cavalo para em seguida montá-lo, partindo ambos em direção ao engenho de cana da família Castro.

Intercalando momentos de cavalgada e descanso, no dia seguinte, enquanto o sol se despedia no horizonte, Juvêncio adentrara as dependências da fazenda, encaminhando-se, altivo, em direção à casa grande para mostrar, ao senhor das terras, o seu troféu, o corpo completamente exaurido do pobre escravo que, durante todo o trajeto percorrido, refletira sobre o erro que cometera, lamentando-se, tardiamente, por não ter seguido os sábios conselhos de Duríbio.

Diante de Domingos e de Raimundo, extravasando de contentamento pela vitória que houvera conquistado, lhes dissera, ao mesmo tempo em que esboçava sorriso orgulhoso e arrogante:

— Senhor Domingos, aqui está de volta a sua mercadoria!

Enquanto Raimundo externava através do semblante incontida satisfação, Domingos permanecera sisudo, denunciando o ódio que acossava a sua alma frígida e prepotente.

Logo após, Domingos ordenara ao seu capataz que retirasse o fugitivo do lombo do animal e o amarrasse ao pelourinho e ali o deixasse durante toda a noite. Raimundo, com íntima satisfação, cumprira à risca as ordens recebidas, colocando em cada palavra, gesto e atitude tomados junto ao fugitivo, o descaso que por ele sentia.

Todos os demais escravos foram proibidos de sair da senzala até o dia seguinte, e o pobre Getúlio permanecera atado ao tronco durante toda a noite e a madrugada, quando a garoa fina que caíra, fora sua única e gélida companhia.

10

Na fria manhã seguinte, diante da senzala, enfileirados, os escravos presenciaram a cena grotesca que agredia os seus olhos e feria os seus corações, vendo o companheiro preso ao madeiro, humilhado, destituído de compaixão, à mercê dos seus algozes.

Apesar da piedade que de todos se apossara, no íntimo de cada escravo estava presente a silenciosa reprovação pela atitude tresloucada que Getúlio houvera tomado e que, fatalmente, geraria duras punições não só para ele próprio, como também, para os demais militantes da senzala que, provavelmente, teriam cerceada a pouca liberdade que até então possuíam.

Compadecido, Duríbio dirigira-se, corajosamente, até onde Raimundo se encontrava na esperança de convencê-lo a abrandar os castigos que o seu chicote haveria de impor ao jovem escravo.

Sentindo-se bem recebido pelo capataz, que de certa forma o respeitava pela sua irrepreensível conduta, procurara envolvê-lo em ondas de compaixão e de amor, fazendo-o ver que Getúlio, órfão de pai e de mãe, jovem e imaturo, cheio de sonhos e ilusões, não tendo a consciência da realidade da vida, enveredara por caminhos tortuosos e espinhentos, cometendo erro grave que, de fato, merecia a devida repreensão.

Continuando a sua fala cheia de ternura e sabedoria, Duríbio intentara fazer com que Raimundo, ao menos uma vez, arrefecesse o ímpeto da sua impiedosa autoridade, conscientizando-se de que, de certa forma, Getúlio já havia recebido a devida punição, pois passara toda a noite prisioneiro, sem alimento, sem água e com o corpo desnudo, ferido, quase desfalecido, açoitado pela garoa fina que, teimosamente, não lhe dera tréguas.

Durante toda a argumentação do preto velho, o austero capataz mantivera-se calado, refletindo.

Em princípio sentira-se quase convencido a amenizar os castigos que haveria de impor ao jovem desertor, entretanto, envolvido pelas vibrações belicosas do Espírito do escravo que, incansavelmente, acossava Getúlio, desvencilhara-se, rapidamente, deste nobre pensamento dizendo, rispidamente, para Duríbio:

— Este negro ingrato irá sentir nas próprias carnes o castigo que merece, servindo de exemplo para todos os demais escravos, caso algum deles ainda tenha, no íntimo, este infeliz propósito.

— E você, Duríbio, volte para a senzala e ao final da tarde, quando todos retornarem do trabalho, diga-lhes para ficar ao redor do pelourinho, a fim de presenciarem o que irá ocorrer com o desastrado infrator.

O bondoso preto velho, resignado, destinara um derradeiro olhar para Raimundo, em seguida, baixando humildemente a cabeça, dirigira-se, a passos lentos, para a senzala.

Durante todo o dia, Getúlio permanecera aprisionado.

Duríbio, revestido das energias morais que o distinguiam, corajosamente, levara para Getúlio o alimento e a água que carecia, sem pedir permissão a quem quer que fosse, disposto a arcar com as possíveis conseqüências deste seu ato corajoso, simplesmente agindo em nome do amor sem limites.

Raimundo, a distância, observara o desenrolar desta cena, entretanto, impactado pela atitude nobre e destemida que demonstrava a fortaleza moral de Duríbio, não sentira-se encorajado a tomar qualquer iniciativa, acabando por não dar maior importância ao fato.

No final da tarde, quando todos se encontravam ao redor do

pelourinho, o capataz começara a açoitar sem piedade o corpo do pobre escravo, já lesionado pelos maus-tratos que houvera recebido.

A partir da primeira chibatada, os escravos, sem exceção, baixaram a cabeça para não assistir à cena covarde e desamorosa que iria ali se desenrolar.

O sangue começara a brotar das ulcerações que, cruelmente, o chicote provocava, enquanto Getúlio não emitia um só gemido, absorvendo pelas vias da resignação e com indescritível coragem, os castigos provenientes da sua tresloucada fuga.

Próximo dali, num pequeno forno a lenha, um ferrete, tendo em sua ponta proeminente, a letra C, fora colocado por Raimundo obedecendo ordem de Domingos.

Cessando os açoites, o capataz, decidido, encaminhara-se até aquele local retirando dali o ferro em brasa, para marcar o corpo do jovem infeliz, estigmatizando-o como propriedade exclusiva da família Castro.

Domingos, que do alpendre assistia, impassível, aos desdobramentos daquele suplício, de repente escutara a voz de Júlia que se postara ao seu lado dizendo-lhe súplice, corajosa, incontestavelmente abalada pela cena impiedosa a que seus olhos assistiam:

— Domingos, Getúlio é um ser humano como nós, como marcá-lo a fogo como se fora um animal? Não permita que Raimundo cometa este desatino. O pobre e infeliz escravo já recebeu a dura punição, poupe-o, perdoe-o pelo amor de Deus!

Domingos frio e decidido lhe respondeu, autoritário:

— Este macaco tem de ser marcado como animal para que todos saibam a quem pertence e que se trata, apenas, de um escravo ingrato e fujão.

A seguir, Raimundo colocara-se, soberbo, diante do corpo ensangüentado e combalido de Getúlio e o ferreteara nas costas, sem compaixão.

Getúlio que já se encontrava de joelhos, sentindo a dor lancinante do ferro em brasa em seu corpo combalido e ao mesmo tempo, o cheiro das suas carnes queimadas, quase perdera os sentidos e, extenuado, soltara o corpo, visivelmente maltratado, mantendo-se sustentado apenas pelos pulsos que se mantinham presos às argolas de ferro, fixadas ao madeiro.

Profundamente consternados, como se punhais invisíveis tivessem trespassado os seus corações, os escravos, cheios de coragem, começaram a entoar canto lamurioso, intentando demonstrar a Getúlio que dele eram cúmplices nas dores e que, apesar do erro que praticara, continuavam irmanados não só pela cor negra dos seus corpos, como também, pelos sinceros sentimentos de fraternidade e de insofismável lealdade que emolduravam suas almas carentes.

Sem interromper aquele canto triste, que traduzia suas desesperanças, os escravos, profundamente compadecidos e desalentados, foram dirigindo-se, um a um, para a senzala que os abrigava.

Neste ínterim, Duríbio aproximara-se de Raimundo e, sem temer possível represália, pedira-lhe para que permitisse desatar o pobre homem do pelourinho, pois já houvera sofrido o bastante, esvaindo-se em sangue, correndo o risco de vir a morrer, necessitando de urgentes cuidados para que fosse evitado este pesaroso desfecho.

Duríbio, com o destemor e a sabedoria dos homens que conhecem os labirintos da alma humana, suas virtudes e suas fraquezas, com o olhar confiante, pleno da autoridade moral que o diferenciava dos demais escravos, fez com que o capataz se sentisse impotente para reagir, negativamente, as suas ponderações. Envolvido por ondas de rara compaixão, que os amigos espirituais ali presentes, fraternalmente, lhe direcionaram, Raimundo virara sobre as próprias botas e deixara o local, dando a Duríbio o silencioso consentimento para que tomasse as providências que, há pouco, houvera solicitado.

Idoso, porém fortalecido pelos eflúvios da caridade e do amor, auxiliado pelos amigos espirituais que o assistiam, o bondoso preto velho desvencilhara o pobre escravo das amarras que o prendiam ao madeiro e sustentando-o nos braços, a passos lentos, porém firmes, encaminhara-se em direção a senzala para prestar-lhe os devidos socorros.

Ao colocá-lo sobre o catre, seus olhos, compassivos, foram premiados com a singela visão do Espírito Isaura que, ao mesmo tempo em que acarinhava com imensa ternura o seu filho Getúlio, endereçara o seu olhar para Duríbio, dizendo-lhe, através das veredas do pensamento, o que emergia da sua alma naquele exato momento:

— Que a paz de Jesus esteja sempre presente em teu coração, adornando os teus dias, meu caro Duríbio. Tu fizeste pelo meu querido tudo o que estava ao teu alcance, porém, meu pobre menino, ainda cativo das mazelas do mundo, não te deu ouvidos, enveredando pelos caminhos das efêmeras ilusões, que fatalmente o conduziram aos precipícios da vida, dilacerando seu corpo, provocando cicatrizes profundas no íntimo do seu ser.

— Querido irmão, peço-te que faças o melhor pelo meu pobre filho. Aqui, ao vosso lado, permanecerei o tempo que me for permitido para auxiliá-los naquilo que me for possível, eternamente agradecida pelas flores da caridade contidas no teu coração Duríbio, a exalar das suas pétalas, o aroma perfumoso que, incessantemente, envolve a tua alma.

Lágrimas surgiram nos olhos do preto velho, caindo sobre o corpo torturado de Getúlio, nele deslizando, como se fossem gotas de orvalho medicamentoso, amainando as suas dores, despertando-o, fazendo com que abrisse os seus olhos e endereçasse expressivo olhar de agradecimento para Duríbio, convencido de que assim se encontrava por sua própria culpa e insensatez.

Os escravos, de imediato, rodearam o modesto catre onde se encontrava o companheiro ferido, sem se aperceberem que seus sentimentos, adornados pelo halo da sinceridade, transformavam-se em vibrações poderosas a auxiliar o enfermo, contribuindo para fortalecê-lo, fazendo-o reagir, a fim de que pudesse dar continuidade a sua dorida romagem.

Duríbio fizera recair sobre Getúlio, seu olhar compreensivo e paciencioso, ao mesmo tempo em que esboçara amistoso sorriso, revelando a alvura dos seus dentes que espelhavam a pureza da sua alma humilde, transmitindo ao pobre enfermo a confiança e o amor de que se encontrava necessitado.

Imediatamente, o preto velho começara a aplicar sobre os ferimentos do jovem escravo, compressas embebidas em caldo de ervas para aliviá-lo das dores que lhe faziam incômoda companhia.

O pobre escravo, cujo olhar demonstrava os sofrimentos que estava vivenciando, deixara fluir, através dos lábios ressequidos, palavras de sincero reconhecimento, quase inaudíveis, externando a Duríbio as sensações que, naqueles instantes, experimentava:

— Duríbio, há muito tempo não sentia tantas saudades da minha mãezinha querida. Quanta falta ela me faz, como gostaria que estivesse ao meu lado, dando-me forças para resistir e continuar.

— Entretanto tenho a ti, Duríbio, meu sincero amigo.

— Cada uma das compressas que tu, caridosamente, colocas sobre os meus ferimentos sinto, como se minha própria mãezinha colocasse, aliviando meu padecer, dando-me forças para prosseguir, sem lamentar.

— Quando fecho meus olhos, sinto como se suas mãos, cheias de ternura e amor, tocassem meu corpo, como fazia quando era menino, me acarinhando, como se eu fosse um tesouro de muito valor.

De fato, todas as vezes que Duríbio colocava as compressas sobre os ferimentos de Getúlio, Isaura, amorosamente, as acompanhava com suas mãos espirituais, transmitindo ao filho um passe cheio de amor, contribuindo, assim, para que fossem amenizados os padecimentos do jovem escravo.

Durante horas, o bondoso preto velho, pacientemente, permanecera ao lado de Getúlio, colocando sobre o seu corpo ferido as compressas salvadoras, aliviando suas dores.

Assim, o enfermo fora sendo socorrido e, nas primeiras horas da manhã, dava evidentes sinais de melhora.

11

Enquanto Getúlio permanecia enlaçado por sono revigorante e, Duríbio, continuava a colocar as compressas sobre o seu corpo ferido, o Espírito Isaura, humildemente, osculara as mãos calejadas do bondoso preto velho, profundamente agradecido pelo carinho abnegado que houvera dado ao seu filho.

Tão logo Getúlio despertara, recordou-se do sonho que tivera, quando sua amorável mãezinha permanecera ao seu lado, colocando compressas sobre os seus ferimentos, suavizando as suas dores.

Crente de que Isaura ali estivera, Getúlio sentira-se feliz, propondo-se a se esforçar para reconquistar a saúde e voltar breve ao trabalho.

Enquanto Getúlio se refazia dos maus-tratos, antes que os escravos partissem para as suas habituais tarefas, Duríbio subindo num pequeno banco que lhe dava proeminência, pedira a todos os integrantes da senzala que dele se aproximassem, concedendo-lhe alguns minutos de bondosa atenção, pois gostaria muito de falar-lhes.

Vendo-se atendido no seu pedido, passara a discorrer sobre as jóias da paciência, a importância da consciente resignação, o valor do trabalho, da honestidade, dissertando, com reconhecível sabedoria, sobre os tesouros inestimáveis da compreensão.

Evidenciara que cada qual deveria empenhar-se, da melhor maneira possível, para que o engenho da família Castro prosperasse, pois, assim agindo, sem dúvida, todos, patrões e escravos, iriam vivenciar melhores dias e a despeito da simplicidade que a vida lhes impusera, desfrutariam as benesses do dever cumprido, aguardando para o amanhã das suas existências novas oportunidades que o Pai de infinito amor, por certo, lhes reservaria.

Em seguida, abordara sobre a doce fraternidade ressaltando que todos, sem qualquer exceção, necessitavam um dos outros e juntos, seriam capazes de muito e sozinhos, reduzidos estariam às suas mais ínfimas possibilidades.

Reafirmara que ninguém é auto-suficiente para prescindir da colaboração do ser humano que consigo caminha, lado a lado, em busca da tão decantada felicidade.

As palavras do preto velho fluíam através dos seus lábios com indizível sensatez, acompanhadas pelo olhar terno que o caracterizava, avalizando as verdades que narrava e que provinham das profundezas do seu ser compassivo e amoroso.

Duríbio procurara fazê-los conscientizar-se do valoroso espírito de solidariedade que deveria enriquecer suas vidas, conduzindo-os naturalmente por caminhos mais felizes, ressaltando o nobre dever de permanecer unidos pelos laços do amor, ajudando-se incondicionalmente uns aos outros, sem enclausurarem em seus corações a revolta, o ódio, a mágoa, caso contrário, haveriam de, no porvir, fatalmente defrontar-se com obstáculos de difícil transposição, causando-lhes amargos sofrimentos, cuja própria incúria houvera livremente provocado.

Assim dizendo, Duríbio procurava também esclarecer a plêiade de Espíritos que ali se encontrava e que com os olhos d'alma enxergava.

Ao terminar sua fala, plena de sabedoria, uma cascata de luzes cambiantes banhara o corpo de Duríbio, espargindo-se por todos os recantos da senzala envolvendo o ambiente em ondas de indefinível paz.

A seguir, enfileirados, os escravos demandaram ao labor portando em seus semblantes a serenidade e, nos corações, as doces esperanças de um novo amanhã.

O preto velho deveras emocionado sentira lágrimas de alegria rolarem pelas suas faces. Ajoelhando-se sobre o chão de terra batida, elevara seus olhos para o alto ao mesmo tempo em que um sorriso brando contornara seus lábios, denunciando a felicidade que invadia a intimidade do seu ser, como se estivesse recebendo dos céus um mimo de inestimável valor que só as almas desprendidas dos liames da carne têm a ventura de perceber e desfrutar.

Assim, Duríbio sentira-se, ainda, mais estimulado a continuar com sua missão redentora de conduzir para aqueles seres humanos sofridos e desprezados, o bálsamo do amor que, de há muito, perfumava o seu Espírito sublimado.

Raimundo que, costumeiramente, era o primeiro a postar-se diante da senzala no aguardo dos escravos, naquela manhã, achara estranho não encontrar nenhum deles nas imediações.

Curioso, vendo a porta do modesto alojamento aberta, dela se aproximara, permitindo-se ouvir os aconselhamentos que Duríbio ministrava, sentindo aumentar o respeito que já nutria pelo bondoso velhinho.

Após o impiedoso castigo que Getúlio sofrera, o ambiente na casa grande era confrangedor. Domingos percebera, claramente, na fisionomia entristecida da esposa, o sentimento de desaprovação que dela se apossara depois do inusitado acometimento.

À noite, durante o jantar, o silêncio fora a única companhia da família Castro. Logo após terminado o repasto, dizendo-se cansado, Domingos despedira-se de todos e encaminhara-se para o quarto, sendo, sem o querer, acompanhado por Júlia.

Ao deitar-se, esforçando-se para não delatar o que os seus olhos haviam observado, desejara boa noite para a esposa e virando para o lado, intentava evitar qualquer conversação, pressentindo que Júlia, provavelmente, iria manifestar o seu desagrado pela atitude omissa que tivera por ocasião dos castigos impingidos ao pobre escravo.

Júlia, instantes após, tentara provocar um diálogo com o marido, entretanto, este nada lhe respondera, fingindo-se adormecido.

No dia seguinte, enquanto desfrutava o desjejum junto com toda a família, Domingos com o ar prepotente de sempre, procurara iniciar amena conversação.

Tanto Júlia como Pedro e Alice mantinham-se em silêncio, enquanto suas fisionomias delatavam inconteste palidez, reflexo da noite maldormida que os três houveram passado enquanto Paulo, pleno de vivacidade, era o único que encetava alegre colóquio com o pai, que por sua vez lhe dava as melhores atenções.

Domingos percebera que o silêncio dos demais integrantes da família Castro, nada mais era do que uma crítica velada à atitude que houvera tomado no dia anterior, permitindo que o jovem escravo sofresse tão severa punição.

O senhor do engenho procurara iniciar descontraído diálogo com Alice, com o intuito de alegrar um pouco aquele ambiente que lhe parecia hostil, sem vida.

Alice, docemente inspirada por amigos espirituais ali presentes, com os olhinhos cheios de pureza e de compaixão e a vozinha carregada de viva emoção lhe disse, convicta:

— Papai, estou muito triste pelo que fizeram com aquele escravo. As dores que ele sentiu, parecia que eu sentia também. Por que o senhor deixou que o maltratassem tanto? O senhor não teve pena dele, papai?

Domingos, surpreendido pela ingênua indagação ficara lívido e, de imediato, endereçara o olhar para a esposa pedindo que o ajudasse na resposta.

Júlia, após fitar amorosamente o marido, baixara os olhos como se estivesse a lhe dizer:

— Querido, a responsabilidade da resposta é tão-somente sua.

O patriarca da família, a princípio encabulado, recobrara rapidamente a altivez que o distinguia, respondendo à doce menina com visível desdém:

— Escravo não é gente. Estes macacos todas as vezes que infringirem as normas da nossa família e do engenho, serão duramente punidos, recebendo os castigos que merecerem.

Paulo impressionado pelas palavras que houvera acabado de escutar, levantara-se e postando-se ao lado do pai, disse, claramente, imitando-o:

— É mesmo papai. Os negros são escravos para trabalhar e servir.

O silêncio fizera-se presente mais uma vez. Domingos, visivelmente irritado, levantara-se e sem emitir uma só sílaba, deixara as dependências da casa grande, dirigindo-se ao encontro da sua montaria para, em seguida, acompanhado por Raimundo, percorrer a extensa propriedade, supervisionando o trabalho dos escravos, cumprindo assim a rotina de todos os dias.

12

Durante a cavalgada, o capataz narrara o ocorrido na senzala logo nas primeiras horas da manhã, enaltecendo a atitude sensata de Duríbio perante os escravos.

Domingos que atento tudo escutara, não externou nenhuma palavra, guardando, entretanto, o episódio na intimidade d'alma.

Apesar de afirmar, com certa freqüência, que escravo não era gente, na verdade, por vezes, chegara mesmo a condenar sua própria atitude entretanto, nunca tivera a coragem de modificar este seu comportamento desumano, permanecendo, teimosamente, enredado pelo orgulho que lhe fazia constante companhia.

Depois do ocorrido, durante o desjejum da família Castro, o senhor das terras sentira-se incomodado pelo que ouvira dos lábios da menina Alice e, uma ponta de arrependimento o viera acossar pela atitude hostil e intempestiva que houvera tomado mais uma vez.

Na realidade, no íntimo, admitia o seu erro, porém o que o deixava ainda mais molesto é que tinha plena certeza de que Júlia e Pedro, silenciosamente, também o condenavam.

Mesmo assim, não se dava por vencido e, esquivando-se destes pensamentos, vestia novamente a capa do orgulho que o caracterizava, desfilando sua prepotência e autoridade por todos os lugares onde passava.

Enquanto faziam a rotineira supervisão, o capataz comentara sobre as diversas atividades do engenho, porém Domingos, enfadado, mantivera-se em desagradável silêncio.

Num dado momento, detendo sua montaria dirigira-se a Raimundo indagando-o desdenhoso:

— Como está passando aquele negro?

O capataz prontamente lhe respondera:

— Provavelmente está sendo tratado dos ferimentos por Duríbio.

Domingos, rispidamente retrucou:

— Sua obrigação é verificar como está passando o escravo, sendo importante que logo se restabeleça para retornar ao trabalho, caso contrário, seremos nós os prejudicados. Vá até a senzala e verifique, avaliando se é necessária alguma providência de nossa parte.

No fundo, o senhor do engenho, disfarçava um misto de remorso e de medo pelo que poderia vir a ocorrer com Getúlio.

Raimundo, imediatamente pusera-se a caminho da senzala e, lá chegando, constatara que o escravo dormia, tendo suas costas cobertas por pedaços de pano embebidos em preparação que o próprio Duríbio providenciara.

Frio e autoritário, ordenara para ver os ferimentos do escravo, sendo, pronta e calmamente, obedecido pelo preto velho.

O corpo ferido do infortunado escravo espelhava os severos castigos que o capataz, impiedosamente, lhe houvera imposto.

Indo ao encontro de Domingos, relatara de forma negativista e, portanto, tendenciosa, o que houvera visto, agindo como todos aqueles que, desconhecendo as leis do amor, cativos do egoísmo, confundem resignação com covardia, caridade com ostentação, sabedoria com presunção, enxergando trevas onde vislumbra-se a luz.

Raimundo observara, superficialmente, aquele triste quadro e, ao invés de procurar junto a Duríbio inteirar-se do real estado em que se encontrava Getúlio, auto-suficiente, nada indagara, retirando-se do local acompanhado pelo orgulho vão que o identificava.

Domingos, após ouvir a pessimista narrativa, visivelmente preocupado, ordenara ao capataz que fosse imediatamente até a cidade e convocasse o dr. Cláudio para que viesse até o engenho, a fim de atender o infeliz, aproveitando a oportunidade para dar sua assistência aos escravos que estivessem necessitados.

Raimundo, sem pestanejar, o obedecera, partindo, súbito, em direção à cidade que dali distanciava cerca de uma hora em moderada cavalgada.

13

Repentino incômodo se apossara de Domingos quando, suor frio e abundante, passara a escorrer pela sua fronte enquanto seu coração batia acelerado. Molesto, retornara à casa grande, a fim de descansar e refazer-se do mal-estar que o acometia.

A palidez que denotava fora, de imediato, percebida por Júlia que, enquanto procurava manter carinhoso diálogo com o esposo, o encaminhara até a sala de estar, fazendo-o ali permanecer, enquanto lhe preparava uma reconfortante xícara de chá.

Quando retornou, Domingos havia tirado as botas e recostara-se em confortável sofá.

Ao mesmo tempo em que o esposo, lentamente, sorvia a beberagem, Júlia, com inconteste desvelo, enxugava o suor que, sem dúvida, havia amainado.

Visivelmente acalmado, Domingos adormecera.

Enquanto fitava o rosto do esposo, Júlia meditava, sentindo no imo da alma que as perguntas que Alice houvera feito ao pai naquela manhã o impactaram e, que de alguma maneira, fizeram-no refletir sobre o ocorrido.

Naqueles instantes, Júlia estava sendo, carinhosamente, inspirada por Espíritos amigos que procuravam conscientizá-la da importância de perseverar, juntamente com Pedro e Alice, no árduo, porém promissor caminho do amor, para que no amanhã, Domingos pudesse vir a trilhá-lo e sentir, em suas entranhas espirituais, o aroma perfumado deste nobre sentimento que adorna os dias, embelezando a vida.

Durante o almoço, Domingos mantivera-se ensimesmado, deserdado da soberbia que o caracterizava, envolvido por inabitual mutismo, como se esquadrinhasse o interior da sua alma na busca de soluções para um melhor viver.

Silenciosamente ia sorvendo o caldo quente e reconfortante que Júlia, zelosa, lhe preparara.

A menina Alice, não tinha o costume de levantar-se da mesa durante as refeições sem que o pai permitisse, porém, vendo o genitor tão pensativo, assim o fizera encaminhando-se, corajosamente, em sua direção.

Domingos, surpreendido pela atitude inusitada da amorável menina, depositara seu olhar cheio de ternura nos olhinhos vívidos e ingênuos de Alice, encorajando-a a prosseguir e a falar.

Alice, acarinhando o rosto do pai lhe disse amorosa:

— Papai, eu sei que o senhor me ama muito, tanto quanto eu o amo e se eu fiquei com pena do escravo Getúlio, o senhor deve ter ficado também. Ajude-o papai. Não o deixe sofrer mais!

Naquele momento, o poderoso senhor do engenho sentira-se fragilizado, cativado por aquelas palavras revestidas de tanta pureza. Visivelmente comovido, rendera-se à ingenuidade de Alice, abraçando cariciosamente a doce menina, que bondosamente nele enxergara virtudes que, na realidade, não possuía.

Pedro, em seguida, também levantara-se, indo ao encontro do pai, abraçando-o emocionado, o mesmo fazendo Júlia, todos acumpliciados pelas mesmas emoções que enredavam suas almas naqueles inolvidáveis momentos.

Paulo, estimulado pelas atitudes dos seus familiares, fizera o mesmo, porém, sem agasalhar no coração os sentimentos que ali se faziam presentes.

Terminados estes instantes de harmonia e de paz, quando todos já estavam novamente assentados ao redor da mesa para darem continuidade à refeição, Joana adentrara o recinto e dirigindo-se, educadamente, a Domingos, comunicara que o doutor Cláudio já havia chegado e que o aguardava na sala de estar.

Domingos, assumindo imediatamente sua postura autoritária disse à escrava:

— Conduza-o até aqui para que almoce conosco.

Joana atenciosa respondeu-lhe:

— Ele me disse que já almoçou e que ficará aguardando o senhor.

Domingos silenciara, dando continuidade ao seu repasto.

14

O competente médico, periodicamente e sempre que se fizesse necessário, visitava a família Castro, dando assistência aos seus integrantes ao mesmo tempo em que ministrava o devido acompanhamento médico aos escravos que ali militavam.

Tendo, comumente, as feições adornadas por sorriso sincero e olhar paciencioso, exalava inconteste simpatia cativando, sem exceção, todos aqueles que usufruíam a sua presença e os seus préstimos médicos.

Seus conhecimentos, aliados à sua esmerada educação e a franqueza carinhosa que comumente demonstrava, acabara por torná-lo persona muito grata a todos os integrantes do próspero engenho de cana.

Como era apaixonado por animais, também dedicava parte do seu precioso tempo para estudá-los e conseqüentemente, quando necessário, orientava os seus responsáveis no tocante à alimentação, ao manuseio e ao trato em geral, colaborando em muito, na preservação da fauna ali existente.

Tão logo findara a refeição, toda a família se encaminhara até onde se encontrava o doutor que, sorridente, a todos recepcionara, cumprimentando-os com visível e sincera satisfação.

Após assentarem-se em confortáveis poltronas, Domingos passara a narrar ao médico o comportamento insensato e, a seu ver, ingrato de Getúlio, tentando justificar o por quê da severa atitude que tivera de tomar e que acabara por provocar ferimentos de certa gravidade no corpo do escravo, razão pela qual solicitara a sua vinda urgente à sua propriedade.

Tão logo terminara a explicação, Alice, assessorada pelos Espíritos que acompanhavam o desenrolar daquelas cenas, dirigira-se inocentemente ao doutor dizendo-lhe, com a vozinha suplicante e compassiva:

— Doutor Cláudio, por favor alivia as dores do escravo Getúlio, ele deve estar sofrendo muito e nós queremos que ele fique logo bom.

Domingos e Júlia mantiveram-se calados, enquanto o doutor, ao mesmo tempo em que afagava os cabelos cacheados da doce menina, lhe dissera que tudo iria fazer para atender o seu pedido, o que a deixara nitidamente confortada.

Em seqüência, olhando para Domingos lhe disse, denotando certo ar de preocupação:

— Me parece um pouco pálido senhor Domingos, por isso, antes de me dirigir à senzala, gostaria de examiná-lo e ouvi-lo um pouco. Como vem se sentindo ultimamente?

O senhor do engenho, arredio, tentando disfarçar o mal-estar que o acometera, respondeu secamente, como era do seu feitio:

— Não tenho nada. Sinto-me muito bem. Apenas um pouco cansado pela lida diária.

O médico, com a autoridade que o revestia, educadamente, lhe disse:

— Mesmo assim, com a sua devida aquiescência, faço questão de examiná-lo.

Dito isso, dirigira o olhar para Júlia, pedindo-lhe o aval para o que acabara de dizer, dela recebendo um leve sorriso que delatava a sua aprovação, estimulando-o a não desertar do seu nobre propósito.

Júlia, após recomendar às crianças que se destinassem aos seus afazeres, sem delongas, solicitara ao médico que iniciasse a consulta, responsabilizando-se, pessoalmente, pela atitude responsável e ousada que acabara de tomar.

Era notório o respeito e a consideração que Júlia dispensava ao competente doutor, sendo a recíproca verdadeira.

Este, porém, sem que o quisesse, todas as vezes que se encontrava em sua presença percebia acelerarem as batidas do seu coração, ao passo que Júlia, fiel ao amor incondicional que nutria pelo marido, agia com naturalidade, sem se aperceber dos sentimentos que acossavam o gentil médico.

Como Domingos não externara uma só palavra, ficara implícito que não lhe restara outra alternativa senão a de deixar-se examinar.

Doutor Cláudio, vendo atendida sua proposição, aproximara-se calmamente do senhor do engenho quando Júlia, pedindo licença, delicadamente, retirara-se do local.

Durante os exames de praxe, o médico não precisara muito empenhar-se para constatar que os batimentos cardíacos de Domingos apresentavam um certo descompasso, razão pela qual, por vezes, deveria sentir passageiro mal-estar que, provavelmente, atribuiria ao excesso de trabalho e de responsabilidades que a administração do engenho lhe acarretava.

Inteiramente convicto do que constatara, o doutor Cláudio passara a entretecer amena conversação, enquanto buscava uma maneira e um momento propício para expor a Domingos o seu diagnóstico e, sem constrangê-lo, demonstrar-lhe que o seu estado de saúde exigia cuidados, sem o que, aqueles mal-estares, precocemente se agravariam, acarretando-lhe imprevisíveis dissabores.

Quebrado o silêncio que por vários minutos se fizera na sala de estar, Júlia deduzira que a consulta houvera terminado e, batendo educadamente à porta, adentrara o recinto, denotando na fisionomia, indisfarçável expectativa pelo que haveria de ouvir do responsável profissional.

Após breves instantes de despretensioso diálogo, o doutor, sentindo-se encorajado pela presença de Júlia, revestira o seu semblante da seriedade que a ocasião exigia passando a relatar, com incontestável segurança, o que houvera constatado, detalhando os cuidados que, a partir daquele momento, haveriam de ser tomados.

Incontrolável lividez vestira as faces até então rosadas de Júlia, externando o impacto que a notícia provocara, afligindo a intimidade do seu ser.

Domingos, tentando demonstrar despreocupação, fora imediatamente traído pelo mal-estar que dele se apossara e vendo-se por si mesmo delatado, endereçara para a esposa o seu olhar súplice na tentativa de ser por ela confortado, fortalecendo sua alma, momentaneamente, fragilizada.

Incômodo silêncio se fizera presente na elegante sala de estar.

Doutor Cláudio, intentando arrefecer o impacto que o seu diagnóstico provocara, esboçando leve e confortador sorriso, passara a fazer-lhe, com a devida segurança e autoridade, as recomendações que se faziam necessárias no campo da alimentação, do trabalho e da medicação que, se seguidas à risca, iriam diminuir em muito as atuais ocorrências proporcionando a Domingos o desfrute, responsável e moderado, dos tesouros da vida.

A evidente convicção com que o doutor expusera os seus aconselhamentos, acompanhados pelo sorriso franco e amistoso que o caracterizava, foram suficientes para desanuviar, momentaneamente, as preocupações que haviam pairado sobre as mentes do casal, atenuando suas apreensões.

O médico, tentando convencer o soberbo senhor do engenho da necessidade imperiosa de mudar o seu atual comportamento, face as circunstâncias advindas, passara a detalhar, calmamente, alguns procedimentos que, fatalmente, redundariam em seu próprio benefício.

Recomendara moderação na ingestão de alimentos gordurosos, bem como das frituras, alertando-o sobre a necessidade da refeição noturna ser, mais frugal o que lhe faria muito bem, facultando-lhe melhor sono e disposição no dia seguinte.

Continuando, dissera a Domingos para arrefecer suas atividades no engenho, delegando um pouco mais suas responsabilidades, sendo também salutar que adquirisse o bom hábito de descansar, comedidamente, após o almoço, para só depois recomeçar, com o devido bom senso, suas atividades.

Domingos que, durante toda a explanação, mantivera-se silencioso e atento, de certa forma submisso aos aconselhamentos, repentinamente, como que atiçado pelo orgulho tenaz que até então permanecera em letargo, voltara-se para o facultativo dizendo-lhe, auto-suficiente:

— Não se preocupe caro doutor Cláudio. Farei o que for possível, de acordo com as minhas conveniências.

Com o semblante denotando a seriedade que o momento exigia e com grave entonação na voz, o médico, alicerçado nos conhecimentos que os anos de estudos lhe aportaram, dissera sem rodeios:

— Somos donos do nosso corpo e da nossa vida. Como médico e amigo desta família que tanto prezo, estou alertando-o sobre os procedimentos que o senhor deverá impor-se, deixando bem claro que, a partir deste momento, suas conveniências deverão ser subjugadas pela sua consciência.

— É necessário que o senhor leve a sério estas minhas recomendações.

Domingos, ferido nos seus brios, tivera ímpetos de replicar, entretanto, face as conscienciosas observações do médico, desistira do seu intento.

Naquele exato momento percebera acelerarem os seus batimentos cardíacos, ficando bem claro ao soberbo senhor, que as emoções não controladas repercutiam negativamente sobre o corpo físico, o que o fizera conscientizar-se de que, dali para a frente, deveria mantê-las sob o devido controle, resguardando-se de eventuais contratempos.

Enquanto transcorriam alguns minutos de despretensiosa conversação, Joana, com a devida permissão, adentrara o recinto, passando a servir café e biscoitos a todos.

Terminado o ligeiro e prazeroso momento, doutor Cláudio, educadamente, lhes dissera, esboçando simpático sorriso:

— Se me permitem, dirijo-me agora para a senzala, a fim de examinar o escravo Getúlio e assistir os demais que assim o necessitarem.

Júlia, que durante aqueles momentos mantivera-se calada, apenas observando, disse com gentil entonação na voz:

— Doutor Cláudio, os escravos ainda permanecem no trabalho, exceção feita a Getúlio cujo estado físico merece cuidados. Espero que possa aguardá-los até o final da tarde quando todos houverem retornado à senzala.

— Enquanto os aguarda, sugiro, se não lhe causar incômodo, que acompanhe Domingos pelas dependências do engenho para que assim possam conversar, com maiores detalhes, sobre as importantes recomendações que nos acabou de transmitir.

O médico percebendo que Júlia, sutilmente, lhe pedia para que intentasse cientificar o orgulhoso marido da importância de seguir, à risca, suas sensatas orientações, lhe respondera sorrindo:

— Não poderia deixar de aceitar este convite, pois assim poderei permanecer por mais alguns momentos com o meu amigo Domingos e, quiçá, conseguir conscientizá-lo a respeito do seu estado de saúde que, sem dúvida, exige os devidos cuidados.

A seguir, denunciando simpático sorriso, colocara a mão sobre o ombro do senhor das terras, que se mantinha em silêncio, demonstrando sua aquiescência para com as ponderações de Júlia, dizendo-lhe solícito:

— A partir de agora, estou à sua inteira disposição.

Instantes após, Domingos e o doutor desceram pela escadaria da imponente moradia da família Castro, iniciando a caminhada e descontraída conversação.

Domingos, olvidando-se dos conselhos que houvera recebido, caminhava com a costumeira rapidez, mostrando as benfeitorias que implantara na propriedade, discorrendo, orgulhoso, sobre a visível prosperidade do engenho.

Doutor Cláudio mantinha-se calado, a tudo observando e atento ao comportamento de Domingos para, oportunamente, como mais tarde o fez, reforçar as suas importantes recomendações.

15

Júlia, abalada pelo diagnóstico do respeitável profissional, sentira-se apunhalada por lâmina invisível, que ferira o íntimo do seu ser, agora apreensivo e temeroso.

Maus presságios vieram visitar-lhe e, sentindo que Domingos, dificilmente, iria colocar em prática os aconselhamentos que recebera, dirigira-se para o quarto e diante de delicada cruz de madeira, tendo em si cravada a imagem do Divino Amigo, ajoelhara-se humildemente e, com os olhos marejados, passara a orar dizendo:

— Jesus, acalmai meu coração sofrido, enxugai com o Vosso amor as lágrimas que da minha alma emergem, apagando dos meus pensamentos as cenas dos dias difíceis que, repentinamente, passei a vislumbrar.

— Senhor, dai-me forças para enfrentar os momentos dolorosos que pressinto se aproximar da minha família, ensejando a todos valorizar os tesouros da vida com que, amorosamente, nos presenteastes, ofertando-nos a oportunidade bendita para de Vós nos aproximar, aconchegando-nos no Vosso doce regaço.

— Jesus, que o Vosso imensurável amor possa fluir pelos meus olhos, pelos meus lábios, pelas minhas mãos, indo ao encontro do meu querido, dulcificando o seu coração, até então insensível às dores alheias, fazendo-o sentir nas profundezas da sua alma carente, a Vossa inefável presença, amparando-o nos dias difíceis que, antevejo, terá de vivenciar.

— Peço-Vos, incansável Amigo, que todas as vezes em que eu, com Domingos conversar, seja Vós, através dos meus lábios, que com ele dialogue; que em todos os momentos em que eu escutá-lo, seja Vós, através dos meus ouvidos, que o ouça; que em todas as ocasiões em que eu vê-lo, seja Vós, através dos meus olhos, a enxergá-lo, fazendo-o sentir o perfume da Vossa presença, apaziguando o seu ser ansioso, na tentativa de acelerar a sua evolução.

Lágrimas incontroláveis, plenas dos mais puros sentimentos, transbordaram dos lindos olhos de Júlia, deslizando decididas pelas suas faces delicadas, projetando-se ao chão, levando consigo a tristeza que viera fazer-lhe desagradável companhia, devolvendo-lhe a coragem que, momentaneamente, a abandonara.

Enternecida, Júlia, pouco a pouco, fora sendo envolvida por ondas inenarráveis de paz, parecendo-lhe que o seu corpo flutuava, amparado com imensa ternura por mãos divinas quando, em êxtase, passara a escutar, pelas veredas da alma, cariciosa voz interior, dizendo-lhe, amorosamente:

— Filha querida, aproxima-se o momento em que terá de enfrentar duras provas. Aceite-as com pacienciosa compreensão, alicerçando-se na fé em Cristo Jesus, e na consciente resignação, não permitindo que a revolta venha abraçá-la, impedindo-a de, docemente, interceder nos momentos em que se fizerem necessários. Dificuldades virão nublar os seus dias, impedindo que o sol da alegria possa iluminar a sua vida e as dos seus queridos, porém, em momento algum lhes faltará o divino amparo, pois o Mártir da Cruz estará sempre presente em seu coração, preenchendo-o com a Sua inquebrantável coragem, dando-lhe forças para prosseguir no cumprimento da sua missão.

Assim, como se houvera sido envolvida por sonho indelével, Júlia voltara a sentir o próprio corpo, que ainda se mantinha genuflexo diante do crucifixo, retornando à Terra após indescritível viagem que fizera aos céus.

Na realidade, tratava-se de amigos espirituais que acompanhavam os integrantes da família Castro no desenrolar das suas vidas, aproveitando-se da sensibilidade mediúnica de Júlia para incutir-lhe o bom ânimo, a fim de que pudesse enfrentar, com bravura, os infortúnios que se avizinhavam.

Tão logo ouvira as vozes dos seus pequenos ecoarem pela casa adentro, saíra daquele agradável torpor, na certeza de que, dali a instantes, estariam a rodeá-la quando, então, poderia acarinhá-los, agradecida ao Pai por ter-lhe ofertado o tesouro das suas companhias que faziam-na desfrutar momentos de inesquecível felicidade.

Assim acontecera e quando os abraçava, cheia de ternura, sentira-se novamente assaltada por atroz melancolia imaginando-se no amanhã, não muito distante, enlaçada, friamente, pela dorida viuvez e, os seus queridos, pela cruel orfandade.

Estes pensamentos, impiedosamente, rasgaram-lhe as entranhas da alma. Entretanto, recordando-se do sonho que tivera minutos atrás, com um sorriso meigo que os seus lábios delinearam, afastara aquele triste presságio, substituindo-o pela resignação consciente que, a seu ver, Jesus lhe houvera pedido, dando-lhe forças para não deixar-se abater e, destemida, prosseguir no cumprimento da nobre tarefa de esposa e de mãe que, Ele, lhe premiara, ofertando-lhe a venturosa oportunidade de desempenhar.

16

As horas haviam passado rápidas para o senhor das terras, porém morosas para os escravos que, arduamente, ali labutavam, fazendo com que o engenho prosperasse.

Quando o sol havia desaparecido no horizonte, deixando rastros alaranjados em seu lugar, os escravos voltaram para a senzala a fim de desfrutarem o merecido descanso e alegre convívio junto aos demais irmãos de cor e de desventuras.

Domingos e o doutor Cláudio, parados a poucos metros da senzala, apreciavam o tristonho desfilar daqueles corpos negros e suados que exteriorizavam, não só a exaustão que os visitava, mas, nitidamente, nos semblantes, a desesperança que se aninhara em seus corações.

Os escravos, cabisbaixos, foram passando, um a um, sendo que alguns mais corajosos olhando para o doutor esboçavam leve sorriso que, imediatamente, era por ele retribuído com a mesma intensidade, deixando-os à vontade, denunciando o respeito que para todos dispensava.

Constatando que a maioria dos escravos já se encontrava no interior da humílima habitação, doutor Cláudio, educada e momentaneamente, despedira-se de Domingos, rumando em direção à senzala.

Quando estava a poucos passos do local, notara que Duríbio já se encontrava diante da porta como se já o estivesse aguardando, recepcionando-o com visível alegria, externando através do olhar e do sorriso plenos de bondade, a gratidão pela visita e atenção que iria dispensar aos pobres escravos.

Sensível, o médico captara, pelas vias da intuição, os pensamentos que o preto velho fraternalmente lhe enviara.

Sentindo-se cativado por aquela figura humana que exalava doçura ímpar, retribuíra o sorriso amistoso dirigindo, instintivamente, a mão para cumprimentá-lo.

Duríbio, visivelmente comovido, humildemente, estendera-lhe as mãos calejadas, mantendo entre elas a do emocionado doutor em sinal de agradecimento e afetuosa consideração, envolvendo-o em ondas de harmonia e de paz.

Tocado por aquelas insólitas vibrações, nas fibras mais íntimas do seu ser, o bondoso doutor não conseguira articular uma só palavra, rendendo-se àqueles sentimentos de fraternidade e de compaixão que aquele humilde preto velho, esquecido pelo mundo, incontestavelmente, lhe inspirara.

Duríbio, fitando os olhos do médico, amorosamente envolvido pelo seu mentor espiritual, lhe dissera, com suave entonação de voz:

— Que Jesus esteja presente no seu bondoso coração, fazendo-o emissário do Seu amor e da Sua paz, ofertando-lhe a oportunidade bendita de ver e sentir os padecimentos dos meus irmãos de cor, aliviando-lhes as dores, fortalecendo seus corpos para darem continuidade às responsabilidades que a vida lhes reservou.

Doutor Cláudio absorvera, pelas vias da alma, aquelas doces palavras, sentindo-se premiado pela sublime oportunidade de ajudar e de servir aqueles que também considerava seus irmãos.

Mal disfarçando as lágrimas que inundaram seus olhos, acompanhado pelo preto velho, adentrara a senzala, convicto da missão que lhe cabia naqueles momentos e que Duríbio, confiante, lhe houvera destinado.

Envolvido e absorto por aqueles nobres pensamentos, não sentira os odores dos corpos suarentos dos pobres escravos, da madeira rústica e envelhecida, nem tampouco da palha e dos panos puídos que cobriam os catres.

Na realidade sentia sua alma sendo abraçada pelo perfume da caridade, brindando-lhe com a honra de atender aqueles infelizes em suas mais prementes necessidades, tornando mais ameno o chão dos seus caminhos.

Ainda comovido, sentira a calma presença de Duríbio ao seu lado, conduzindo-o na direção de Getúlio, claramente, o mais necessitado de todos, para que pudesse, primeiramente, atendê-lo.

Diante do pobre enfermo, Duríbio passara a relatar ao médico o anterior estado de saúde de Getúlio e que, com o propósito de aliviar suas dores, colocara compressas de panos mergulhados em caldo de ervas sobre os ferimentos, conseguindo com que parassem de sangrar e apresentassem, aos seus modestos olhos, sinais de melhoras.

O experiente profissional, notando que os ferimentos apresentavam indícios de cicatrização, dissera, sorrindo, para o preto velho:

— Duríbio, de minha parte só posso dizer que a aplicação das suas compressas está fazendo muito bem a Getúlio e, a continuar assim, as feridas logo estarão cicatrizadas, quando então o jovem estará novamente em pé, assumindo as responsabilidades que a vida, a todos nós, impõe.

O facultativo permanecera no interior da senzala por cerca de duas horas, incansavelmente, atendendo a todos, diagnosticando, medicando, aconselhando com tal rapidez e objetividade que acabara por impressionar-se consigo próprio, tendo a certeza de ter sido pelos céus ajudado.

No transcorrer das consultas fora anotando as medicações que se faziam necessárias para, posteriormente, informar a Domingos e, com o seu devido consentimento, adquiri-las.

Findo o seu trabalho, despedira-se de um a um dos escravos, já sentindo, nas profundezas da alma, a saudade daquele convívio tão gratificante e de todos aqueles seres humanos que conseguiram cativá-lo pelas vias da humildade, resignação, respeito e amizade que, espontaneamente, demonstraram durante aqueles inesquecíveis momentos.

Duríbio, que seguira atento todas as recomendações do doutor, notara, com os olhos da alma, a plêiade de Espíritos que ali se encontrava, inspirando o médico para que pudesse, com acerto, diagnosticar cada caso, objetivando a cura e aliviando as dores.

Sempre acompanhado por Duríbio, o competente doutor encaminhara-se em direção a porta para deixar a senzala quando, virando-se para o preto velho, segurara entre as suas, a mão calejada do bondoso escravo, dizendo-lhe, com manifesta emoção:

— Obrigado amigo pela atenciosa companhia e colaboração e pelas sábias palavras que os meus ouvidos puderam escutar e que o meu coração, sinceramente agradecido, guardou em suas entranhas.

Duríbio mantivera-se calado, porém, o seu olhar terno e o seu sorriso cheio de bondade que vieram emoldurar o seu rosto, foram suficientes para que o médico sentisse o sincero agradecimento que emergia daquele ser, cuja sabedoria acabara de detectar, durante aquelas poucas horas que tivera a feliz oportunidade de desfrutar a sua modesta companhia.

A seguir, doutor Cláudio dirigira-se para a casa grande onde a família Castro o aguardava para o jantar.

O médico intentara, educadamente, declinar do convite, entretanto acabara por render-se à gentil insistência do casal.

17

Terminada a refeição, reuniram-se na sala de estar mantendo amena conversação durante a qual, o médico relatara, sem detalhes, as consultas que realizara na senzala, ao mesmo tempo em que elogiara a conduta, irrepreensível, de Duríbio durante o seu trabalho.

Rapidamente demonstrara a necessidade de adquirir uma série de medicamentos para atender as necessidades dos escravos, com a qual Domingos imediatamente concordara.

Preocupado com o passar das horas o doutor, educadamente, despedira-se do casal, porém, ao fazê-lo, relembrara a Domingos a conversa que horas atrás mantiveram a respeito da sua saúde, ressaltando a necessidade de, incondicionalmente, seguir os seus aconselhamentos.

Domingos, ao esboçar um sorriso maroto, deixara no ar a dúvida se, de fato, iria colocar em prática as recomendações que recebera do consciencioso facultativo, o qual, claramente, percebera suas inconseqüentes intenções.

Antes que partisse, Júlia, pressurosa, disse a Domingos:

— É muito tarde! Seria bom que Raimundo acompanhasse o doutor Cláudio até a sua residência.

Domingos, atendendo o pedido da esposa, chamara por Joana e, tão logo a escrava adentrara o recinto, dissera-lhe com notada arrogância:

— Procure por Raimundo e diga-lhe para vir até aqui.

Joana, imediatamente, lhe respondera que Raimundo não se encontrava na propriedade e que, provavelmente, fora até a cidade próxima, como habitualmente o fazia.

Domingos, mal disfarçando sua momentânea irritação, dirigira-se para o doutor convidando-o para que ali pernoitasse, pois já era tarde e os relâmpagos que iluminavam os céus, prenunciavam chuva para breve.

O médico, alegando compromissos inadiáveis para a manhã seguinte, esquivara-se, polidamente do convite e, apesar da educada insistência do casal, decidira-se por partir.

Domingos, que recobrara a calma, dissera ao doutor que o aguardasse alguns minutos que, ele próprio, iria providenciar para que alguém o acompanhasse.

A passos rápidos dirigira-se para a senzala, o que não era do seu costume, e a poucos metros dali vislumbrara, iluminadas pelos clarões intermitentes dos relâmpagos, as figuras de Duríbio e de Jerônimo que, absortos, na varanda da humilde habitação, olhavam para os céus, apreciando os caprichos da natureza.

Austero e sem delongas, ordenara ao preto velho que providenciasse para que algum escravo acompanhasse o médico de retorno à sua residência.

Duríbio, após olhar para o escravo como que a solicitar seus préstimos, calmamente dissera ao senhor das terras que o jovem Jerônimo poderia incumbir-se desta tarefa, com o que Domingos, concordara.

Enquanto o escravo fora preparar-se para partir, Domingos e o preto velho permaneceram no seu aguardo.

O senhor do engenho nunca houvera reparado na postura nobre, educada e ao mesmo tempo humilde, porém, sem subserviência, daquele velho escravo. Nunca lhe houvera dirigido a palavra, pois suas ordens eram retransmitidas por Raimundo e, naquele instante, Domingos, envolvido por eflúvios de inesperada fraternidade, sentira-se impelido a entabular breve diálogo, quando seus ouvidos escutaram os seus próprios lábios, amistosamente, indagarem:

— Muitos doentes?

Duríbio, emanando através dos seus olhos e do seu semblante, serenos, a doçura que sempre o acompanhava, respondera-lhe atencioso:

— Alguns poucos, mas graças à intervenção do sinhozinho para aqui enviando o competente doutor, todos foram atendidos, inclusive Getúlio que, em breve, retornará ao trabalho.

Aquelas palavras pronunciadas com incontestável sinceridade e confiante entonação, soaram aos ouvidos de Domingos como um elogio à sua vaidosa pessoa e, mesmo sabendo que a idéia houvera partido de Júlia, assimilara para si o agradecimento como, se de fato, o merecesse.

Após despedir-se do preto velho, o que não era do seu hábito perante os subalternos, dali se retirara, levando impressa na alma, aquela figura humana que tanto o impressionara, fazendo com que brotasse do seu gélido coração, um insólito sentimento de respeito por aquele negro escravo até então por ele esquecido e desprezado, sendo, maldosa e pejorativamente, considerado como um reles macaco, como todos os seus demais irmãos de cor, apenas existindo para ajudar e servir.

Impactado pelo olhar terno e respeitoso do bondoso velhinho e envolvido pela sua voz mansa e pelas palavras educadas que pronunciara, fora visitado, repentinamente, pelo remorso que atingiu a intimidade do seu ser, incitando-o a refletir sobre os conceitos que até então agasalhava na sua alma arredia e orgulhosa.

Domingos, a caminho da casa grande, fora acompanhado pelo olhar caridoso de Duríbio que, ao enviar-lhe pensamentos de fraternal amor, notara ondas vaporosas envolverem a figura do poderoso senhor do engenho que, por certo, lhe haveriam de proporcionar momentos de saudável reflexão.

Um quarto de hora mais tarde, Jerônimo e o doutor Cláudio já se encontravam a caminho da cidade próxima, entretecendo amistosa conversação.

Chegando ao destino, após as costumeiras despedidas, Jerônimo pusera-se a caminho de regresso ao engenho, feliz por haver usufruído a atenciosa companhia do médico e com ele ter mantido prazeroso diálogo, sentindo-se ansioso para logo chegar à senzala e relatar o ocorrido para aqueles que, porventura, ainda se encontrassem despertos.

Doutor Cláudio, após banhar-se, buscara o leito para refazer-se da dura jornada que houvera empreendido. Ainda trazendo na alma as sensações do dia, inspirado pelo amigo espiritual que o acompanhava nesta romagem terrena, pusera-se a meditar sobre aquelas criaturas sofridas, exiladas da sua pátria, dos seus entes queridos, esquecidas pelo mundo e desesperançadas.

Assim, fora visitado por profundo sentimento de compaixão, propondo-se firmemente a visitá-los com maior freqüência, intentando minimizar as suas agruras, ao mesmo tempo em que desfrutaria o convívio de todos, mormente de Duríbio, que lhe causara tão agradável impressão. Feliz e convicto das suas conjeturas, adormecera.

18

Quinze dias após, logo às primeiras horas da manhã, esquecido das prudentes recomendações que o doutor lhe houvera feito, vamos encontrar Domingos, instigado pela moeda, autoridade e poder, desempenhando suas atividades no engenho como se usufruísse a mais perfeita saúde.

Quando, acompanhado por Raimundo, fazia a sua costumeira inspeção pelas dependências do engenho, já bem perto do canavial, vislumbrara, a certa distância, um corpo deitado em meio à densa vegetação.

Imediatamente, supusera tratar-se de algum escravo indolente que, camuflado, pusera-se a dormitar, faltando com a sua responsabilidade.

Assim julgando, ordenara a Raimundo que lhe aplicasse o devido corretivo.

O capataz, solícito, obedecera, antevendo, feliz, a chibata brandir, sobre o corpo negro do pobre escravo.

Ao aproximar-se, constatara que o mesmo não se encontrava dormindo, mas, sim, desfalecido.

Bruscamente virara seu corpo que se encontrava de bruços, notando que abrira os olhos com muita dificuldade enquanto o suor vertia-lhe da testa e de todo o corpo, delatando o estado febril que o enlaçava.

Visivelmente preocupado, dirigira-se ao encontro de Domingos, relatando-lhe o fato.

O senhor do engenho, sem perda de tempo, lhe ordenara que fosse, o mais rapidamente possível, à cidade, indo ao encontro do doutor Cláudio, narrando-lhe o ocorrido, solicitando-lhe a presença urgente à sua propriedade.

Após Raimundo ter partido em cumprimento das suas ordens, Domingos continuara a inspeção e, surpreendido, encontrara mais três escravos nas mesmas condições.

Deduzira, então, que uma epidemia talvez estivesse se alastrando pelas dependências do engenho.

Vivamente apreensivo, fora acometido do seu já conhecido mal-estar, fazendo com que, preocupado, se encaminhasse de retorno à casa grande a fim de aguardar a visita, naquele momento, tão esperada do respeitável doutor.

De retorno ao lar, Domingos relatara a Júlia o que havia constatado, denunciando, pela palidez do seu rosto, o desconforto que, novamente, o visitava.

Júlia, deveras preocupada, pedira-lhe que se deitasse por alguns minutos a fim de refazer-se, enquanto iria preparar-lhe uma xícara de chá.

Irritado com o que se passava no engenho e consigo próprio, respondera-lhe com rispidez, dizendo-se não poder ficar alheio aos acontecimentos que se desenrolavam e que, se não resolvidos a tempo, iriam trazer-lhe sérios dissabores. Dito isso, encaminhara-se para a varanda a fim de aguardar a vinda do doutor Cláudio que, sem dúvida, iria esclarecer os fatos.

Antes do costumeiro horário de almoço, Raimundo e o doutor adentraram os portões do engenho indo diretamente ao encontro de Domingos que, sem perda de tempo, narrara ao médico o acontecido o que, durante o trajeto, o capataz já havia antecipado.

Doutor Cláudio, sem delongas, pedira-lhe licença para ir até onde se encontravam os escravos molestos, quando Domingos, altivo, lhe dissera que o acompanharia.

O médico, educadamente, tentara convencê-lo de que preferiria ir só, pois poderia tratar-se de moléstia contagiosa e que todo o cuidado seria pouco.

O senhor do engenho, fazendo ouvidos moucos, lhe dissera ansioso:

— Vamos, doutor, não temos tempo a perder!

Assim, os três partiram em direção ao canavial.

Quando lá chegaram, agrupamentos de escravos já se encontravam em derredor dos corpos prostrados, febris e suarentos dos seus irmãos desafortunados, sem saberem que providências tomar.

Educadamente pedindo-lhes licença, o competente profissional acercou-se de um dos doentes e, após breve exame, com incontestável convicção, diagnosticou que aquele homem, como provavelmente os demais, havia sido contaminado pela malária.

Em seguida, relatara os perigos da doença e os riscos de contaminação, recomendando que envolvessem em cobertores os corpos doentes e os levassem para um abrigo distante da senzala.

Os escravos, sem receios, procuraram seguir as recomendações do doutor, promovendo o transporte dos enfermos, por recomendação de Domingos, para um pequeno galpão onde eram guardados utensílios diversos, comumente usados no dia a dia do engenho.

Enquanto alguns esvaziavam e limpavam o local, outros providenciavam alguns catres para acolher os doentes.

A ocorrência, como se fora rastilho de pólvora, estenderase por todo o engenho.

Domingos retornara à residência, enquanto os demais escravos dirigiram-se de volta às suas obrigações, devidamente orientados para não se aproximarem dos enfermos, pois, se assim o fizessem, estariam correndo o risco de se contaminarem e também adoecerem.

Duríbio que, condoído e atento, tudo observava, antecipando-se ao provável pedido do doutor, propora-se a pessoalmente cuidar dos escravos adoecidos pelo tempo que fosse necessário, atendendo-lhes as exigências.

O médico enaltecendo, íntima e silenciosamente, a coragem daquele preto velho que, desde o primeiro encontro, lhe causara tão profundas impressões de sabedoria e fraternal lealdade, iniciara com ele sério e respeitoso diálogo, fazendo-lhe as recomendações que se faziam mister.

Com sua costumeira modéstia, o velho escravo pedira ao doutor que lhe desse o devido consentimento para, juntamente com o tratamento médico que recomendava, oferecer também aos doentes um caldo de ervas que, pela sua experiência, poderia auxiliá-los, minorando-lhes os padecimentos.

O médico, de pronto, aquiescera ao pedido de Duríbio dando-lhe a autoridade para agir, demonstrando, claramente, a confiança que nele depositava.

Despedindo-se do preto velho, o doutor Cláudio demandara para a casa grande colocando Domingos a par das últimas ocorrências e, definitivamente, conscientizando-o da gravidade da situação.

A seguir, acompanhado por Raimundo, retornara à cidade comprometendo-se a retornar no dia seguinte.

Enquanto aguardava os medicamentos que o capataz fora adquirir, Duríbio preparara a beberagem e, pessoalmente, fora oferecendo a respectiva poção a cada um dos enfermos.

19

No dia seguinte, quando encontrava-se no pátio à espera dos escravos que dariam início a mais uma estafante jornada de trabalho, Raimundo constatara que, além daqueles que já sabia adoentados, outros mais não se apresentaram à costumeira inspeção.

Encaminhando-se em direção de Duríbio que se encontrava diante da porta da senzala, indagara, autoritário, ao preto velho o que estava ocorrendo. Este, com evidente consternação, lhe informara que seis outros escravos apresentavam os mesmos sintomas.

Sem pestanejar, ordenara que fossem imediatamente levados para junto dos demais enfermos, evitando, assim, novas contaminações.

Duríbio, calmamente, lhe informara já haver providenciado a remoção para o devido local.

O capataz, apressadamente, dirigira-se para a casa grande a fim de dar a infausta notícia ao senhor do engenho.

Ali chegando fora informado de que Domingos encontrava-se acamado, refazendo-se do mal-estar que, desde o dia anterior, o vinha molestando.

Assim sendo, Raimundo abdicara do seu intento e após

informar Júlia sobre o ocorrido, verdadeiramente preocupado, encaminhara-se para o canavial dando prosseguimento as suas tarefas, prevendo que a produção do dia seria fatalmente prejudicada.

No final da tarde, Domingos, com o corpo febril e suado, delatava as mesmas características enfermiças dos escravos, denunciando a malária que, como réptil peçonhento, traiçoeiramente, o amplexara.

Conforme houvera prometido, o doutor Cláudio adentrara a propriedade da família Castro, dirigindo-se à casa grande para, logo em seguida, como era seu propósito, ir ter com os enfermos para avaliar como estavam reagindo a medicação que lhes houvera recomendado.

Ao entrar na residência, Júlia, pálida e chorosa, viera-lhe ao encontro, conduzindo-o até o quarto onde Domingos se encontrava acamado, não deixando dúvidas de que também houvera contraído a doença.

Logo após o diagnóstico, passara a orientar Júlia a respeito da medicação a ser ministrada, bem como, procurasse mantê-lo no quarto, isolado das crianças, evitando que fossem também acometidas pelo mesmo mal.

Júlia assim o fizera, mantendo-se resoluta ao lado do esposo, atendendo-lhe as necessidades como se fora amorável e corajosa enfermeira, empenhada, incondicionalmente, em dar o melhor de si, esperançosa de que a doença seria debelada, devolvendo ao seu amado a tão preciosa e esperada saúde.

Durante a madrugada o estado geral de Domingos agravara-se. A febre, teimosamente, não o abandonara por um instante sequer e, ao alvorecer, o enfermo começara a apresentar ligeiras convulsões, levando mais preocupação e receio ao já apreensivo coração de Júlia.

Sem saber o que fazer, sua alma aquietou-se quando o doutor Cláudio surgiu na porta do quarto, acompanhado por Joana, pedindo-lhe licença para adentrar o aposento onde se encontrava o enfermo.

Antes, porém, de dirigir-se à residência dos Castros, o prestimoso médico houvera notado a presença de Duríbio em frente à senzala, indo ao seu encontro.

Após os costumeiros cumprimentos, indagara ao preto velho como estava o estado de saúde dos escravos.

Este com a calma, segurança e doçura que lhe eram características, respondera-lhe que dos dez enfermos dois já apresentavam alguma melhora reagindo bem à medicação ministrada, enquanto os demais permaneciam, heroicamente, lutando com a doença.

Em seqüência lhe comunicara, pesaroso, que nove outros estavam acometidos dos mesmos sintomas e que já se encontravam junto aos demais enfermos, recebendo a mesma medicação.

Sem perda de tempo, o médico dissera a Duríbio que iria até a residência da família Castro e que, em seguida, retornaria à senzala para, em sua companhia, ir ao local onde os enfermos estavam alojados, dando-lhes a devida assistência.

Convicto do grave estado de saúde de Domingos, o doutor apressara-se em colocar compressas frias sobre sua fronte suarenta, intentando amainar o estado febril que o incomodava e, conseqüentemente, impedir que novas convulsões viessem a ocorrer.

Minutos após a oportuna intervenção, Domingos aquietara-se, demonstrando alguma melhora, diminuindo as apreensões que minutos atrás haviam enlaçado Júlia e o próprio doutor.

Notando a melhora de Domingos, após dar mais algumas orientações a Júlia, o doutor pedira licença e fora, novamente, ter com Duríbio, dirigindo-se ambos ao local onde os escravos doentes se encontravam.

Enquanto examinava os pacientes, o doutor narrara ao preto velho o que se passava com o senhor do engenho, demonstrando inconteste preocupação.

Duríbio que, em silêncio, tudo escutava, no afã de poder colaborar para o restabelecimento do patrão, pedira ao doutor que solicitasse à sinhazinha, permissão para visitar o senhor das terras e também aplicar-lhe as compressas, como estava fazendo com os escravos.

Cláudio sentira uma ponta de orgulho a atiçar-lhe a alma, pois era médico e ninguém melhor do que ele, naqueles momentos, para tratar do doente.

Porém, apartando-se deste pensamento malsão, atendera o pedido de Duríbio.

Naqueles instantes, amigos espirituais, amorosamente, envolveram o médico em ondas de doce fraternidade, inspirando-o a aquiecer aquela humilde, porém corajosa solicitação do velho escravo.

Tão logo fora informada, Júlia, feliz, atendera o pedido de Duríbio, ao mesmo tempo em que tivera um agradável pressentimento de que, o humílimo preto velho, de alguma forma, iria ajudar no processo de cura de Domingos.

De imediato, pedira a Joana que fosse até a senzala e se fizesse acompanhar do bondoso escravo, trazendo-o até a sua presença.

Apesar de febril e combalido, o senhor de engenho, mantendo o orgulho que não lhe dava tréguas, não permitira que Duríbio se aproximasse do leito ordenando-lhe, autoritário, que retornasse para junto dos escravos doentes, pois tinha muito o que fazer.

Como se já pressentisse tal postura por parte de Domingos, o velho escravo não se abatera e, denunciando através do olhar um misto de bondade e resignação, reclinara a cabeça em sinal de obediência, demandando aos seus afazeres.

Sua atitude, revestida de incontestável humildade, cativara, uma vez mais, o coração de Júlia e do doutor.

20

Naquela noite, a pedido de Júlia, o doutor permanecera hospedado na casa grande a fim de tranqüilizar a dedicada esposa que não se afastava do leito do esposo por um só instante.

Exausta, Júlia adormecera. Súbito fora despertada pelas frases desconexas que Domingos passara a emitir, evidenciando o desvario que dele se apossara.

O doutor, que também havia adormecido, fora despertado pelas batidas insistentes de Júlia na porta do seu quarto e, rapidamente, prevendo a piora no estado do senhor do engenho, pusera-se de pé, dirigindo-se para o quarto onde o enfermo se encontrava.

Domingos, pálido, suarento e visivelmente enfraquecido, nem de longe era a sombra daquele homem prepotente, auto-suficiente, dono dos destinos de todos aqueles que se encontravam sob suas ordens.

O experiente doutor, já tendo feito tudo aquilo que os seus conhecimentos médicos recomendavam, sentindo-se impotente para solucionar o caso e que se nada mais fizesse o pior poderia ocorrer, não lhe restara outra opção a não ser pedir para Júlia que consentisse em chamar Duríbio para que ali viesse aplicar as compressas e ministrar o chá de ervas ao doente, conforme estava fazendo aos escravos enfermos.

Incontinenti, Júlia dera o seu consentimento ao doutor que, imediata e humildemente, partira em direção da senzala, esperançoso de que o bondoso preto velho pudesse ajudá-lo neste momento crítico e desesperador.

Quando se aproximava do local Duríbio, que mantinha-se desperto, calma e decididamente, viera ao seu encontro, pressentindo a necessidade da sua presença na casa grande, junto ao senhor do engenho.

Trocando olhares significativos que, por si só, exteriorizavam as tensões do momento, ambos encaminharam-se em silêncio para a casa grande, dirigindo-se, sem demora, para o quarto do enfermo, onde Júlia, apreensiva e temerosa, com os olhos embaçados de lágrimas e as mãos trêmulas os aguardava.

Duríbio, serenamente, se aproximara do leito de Domingos que mantinha-se de olhos fechados denotando pelo semblante, o torpor e o mal-estar que o acicatava.

O preto velho, com o olhar cheio de ternura ao mesmo tempo em que esboçava um doce sorriso pleno de confiança, envolvido pelo seu mentor espiritual, dissera a Júlia, com inquebrantável convicção:

— Sinhá, não será desta vez que o sinhô irá partir. O Pai da vida, amorosamente, lhe prolongará um pouco mais esta existência terrena, concedendo-lhe uma derradeira oportunidade para lapidar sua alma com o cinzel da fraternidade, da compreensão e do respeito pelos seres humanos que lhe presenteiam com a honra do trabalho, da companhia, da amizade e do amor.

Enredados por aqueles comentários incomuns, Júlia e o doutor, perplexos, permaneceram em pé, aguardando as providências que, por certo, o bondoso velhinho iria tomar.

Sem delongar-se, com profunda serenidade, Duríbio colocara sua destra a poucos centímetros de onde se localizava o baço do enfermo, assim permanecendo por pouco mais de um par de minutos.

Mantendo os olhos fechados e o semblante deixando extravasar o êxtase que experimentava, a Júlia e ao doutor só restara participar daquele momento sublime proferindo íntima e silenciosa prece, contribuindo assim, sem o saberem, para o tão aguardado restabelecimento do doente.

Findos estes divinos momentos, o velho escravo recomendara a Júlia para que, durante o resto da noite e a próxima manhã, além da medicação indicada pelo doutor Cláudio, fosse colocando na fronte de Domingos, repetidas vezes, uma a uma, toalhas umedecidas com água fresca, que somente seriam substituídas por outras, após encontrarem-se aquecidas pelo calor corporal do enfermo.

Afiançara que, assim agindo, a febre pouco a pouco iria ceder, fazendo o senhor do engenho, gradativamente, recobrar a saúde.

Naqueles instantes em que Duríbio impunha sua mão sobre o enfermo, amigos espirituais conduziam para aquele veículo carnal eflúvios energéticos, reavivando suas entranhas, predispondo-o a prosseguir experienciando neste mundo de provas e expiações, visando a um melhor porvir para sua alma, ainda bem distante da fraternidade e, conseqüentemente, do doce aconchego do Divino Emissário do Amor.

Duríbio permanecera ali por mais alguns minutos quando, então, pedira permissão para se ausentar, pois deveria dar continuidade à assistência que prestava aos escravos adoentados, conforme o doutor Cláudio lhe houvera recomendado.

21

Tão logo os primeiros raios de sol acarinharam as terras dos Castros, Júlia e o doutor que haviam se mantido acordados por toda a madrugada, sendo abraçados pelo sono há poucos minutos, despertaram com a voz de Domingos a lhes solicitar um pouco de água.

Felizes e tranqüilizados, constatando que a lucidez houvera voltado ao senhor do engenho e que, por certo, a febre havia arrefecido, denunciando a esperada recuperação, Júlia e Cláudio entreolharam-se jubilosos, convencidos de que os bons presságios do preto velho haviam se confirmado.

Em pé, diante da porta do quarto, ao lado de Joana, Durîbio, esboçando ternuroso sorriso, pacientemente, aguardava consentimento para ali adentrar quando Júlia, apercebendo-se da sua humilde presença, fora-lhe ao encontro e, instintivamente, o abraçara, delatando sua sincera gratidão por tudo o que houvera feito em favor do esposo que tanto amava.

Domingos nada percebera desta cena, revestida das mais sinceras emanações de fraternidade e gratidão.

Em seguida, Júlia e Durîbio aproximaram-se do paciente que permanecia de olhos fechados, com a respiração normalizada evidenciando melhoras.

Exteriorizando no semblante o seu contentamento pela evolução positiva que o senhor das terras apresentava, Duríbio, não querendo incomodar o enfermo, educadamente, pedira-lhes que o acompanhassem até a sala contígua, pois desejava falar-lhes.

A seguir, acomodados, passara humildemente a relatar-lhes as experiências que houvera adquirido, ao longo dos anos, na utilização de ervas no tratamento das enfermidades, inclusive a malária, que os escravos habitualmente contraíam, salientando que, com a ajuda divina, muitos casos haviam sido solucionados, evidenciando o potencial curadouro da flora que graciosamente se coloca à disposição dos seres que militam nesta Terra dadivosa.

Demonstrando a importância do tratamento médico que fora ministrado ao senhor do engenho pelo responsável doutor e que, sem dúvida alguma, havia contribuído para a melhora do paciente, com a humildade que lhe fazia constante e dúlcida companhia, Duríbio pedira permissão para administrar a Domingos, concomitantemente ao tratamento médico recomendado, as suas infusões que, acreditava, iriam auxiliá-lo no processo gradativo de cura.

Recebendo do doutor irrestrito consentimento, calmamente passara a explicar os procedimentos que, dali para diante, a pressurosa esposa do senhor Castro haveria de colocar em prática.

Tão logo findara sua modesta, porém, confiante explanação, solicitara-lhes licença e retirara-se encaminhando-se para junto dos escravos enfermos que necessitavam das suas fraternais atenções.

Domingos fora reagindo muito bem e, depois de alguns poucos dias, suas melhoras eram tão evidentes que fizeram-no motivar-se a retomar a lida diária, administrando, com mãos firmes, a sua rica propriedade.

Com a morte de alguns escravos acometidos pela malária, implacável, o trabalho dos escravos assoberbara-se, obrigando-os a desdobrarem-se em suas tarefas para evitar que ocorresse uma queda na produção do engenho e, por conseguinte, os castigos que adviriam caso não cumprissem, a contento, com suas obrigações.

O senhor do engenho, inebriado pelo tilintar efêmero da moeda farta, sem compaixão, exigia cada vez mais dos seus comandados que, ao seu ver egoístico, ali se encontravam, tão-somente, para trabalhar e servir.

Nesta azáfama incansável, os tempos foram passando na vida dos escravos, deixando como rastro, momentos mesclados de muito trabalho, de prepotente autoridade e de dorida solidão, de alegrias e de tristezas compondo, assim, os cenários daquela época nas terras da família Castro.

Três longos anos haviam se passado quando, um novo e violento surto de malária, esgueirando-se pelas matas densas, viera açoitar, impiedosamente, os corpos negros dos escravos, provocando-lhes inenarráveis padecimentos.

Domingos, ciente dos transtornos que tal enfermidade poderia trazer, deveras preocupado com o possível contágio, querendo proteger a si próprio e aos seus familiares, ordenara a Raimundo que comunicasse a todos os escravos que, exceção feita àqueles que militavam nas dependências da casa grande, nenhum outro poderia, sequer, aproximar-se dos integrantes da família Castro e que, aqueles que transgredissem as suas ordens seriam severamente castigados.

Assim, numa garoenta manhã, quando os escravos deixavam a senzala para iniciar as duras tarefas do dia, Raimundo transmitira-lhes as ordens que houvera recebido do insensível patrão.

Cerca de vinte por cento dos integrantes da senzala não se apresentou para a costumeira inspeção matinal, evidenciando que, infelizmente, haviam contraído a doença.

Como da vez anterior, o dr. Cláudio fora chamado, revezando-se com Duríbio na assistência que se fazia necessária aos pobres enfermos.

Com as experiências adquiridas no surto anterior, o responsável doutor e o incansável preto velho conseguiram salvar muitos doentes devolvendo-lhes o tesouro da vida enquanto outros, desafortunadamente, não conseguiram resistir ao abraço fatal da implacável enfermidade.

22

O surto da doença já havia arrefecido quando um fato inesperado, de triste repercussão, viera a ocorrer nos arredores da senzala.

Numa tarde, o menino Pedro, desfrutando a relativa liberdade que os seus pouco mais de dois lustros lhe concediam, atiçado pela curiosidade própria da idade, aproximara-se, furtivamente, da moradia dos escravos para certificar-se de como a vida ali transcorria.

Olhando para os lados procurando assegurar-se de que não estava sendo visto, corajosamente adentrara a varanda que rodeava a senzala, caminhando, cautelosamente, em direção a uma das janelas para observar através da vidraça, o interior da humilde habitação.

Naquele exato momento, Joana que viera até a senzala para suprir-se de alguns condimentos de que estava necessitando na cozinha da casa grande, fora impactada pela cena inesperada, e não conseguindo conter sua surpresa, lhe disse:

— Pedro, o que fazes aqui?

O menino assustara-se e vendo-se descoberto procurara, como única alternativa, dali evadir-se e, correndo precipitadamente, tropeçara nos degraus da pequena escada que ligava a varanda ao chão de terra batida, caindo bruscamente. Os gritos que passara a emitir evidenciavam estar sentindo muitas dores o que evidenciava a gravidade da ocorrência. De fato a queda fizera com que fraturasse uma das pernas.

Jerônimo, que se encontrava nas imediações, ouvira os gritos e acorrera rapidamente ao local e vendo Pedro choroso a lamentar-se, dele se compadecera e, esquecendo-se das recomendações que o senhor do engenho houvera feito, colocara o menino nos braços conduzindo-o, precípite, à casa grande para ali receber os cuidados que se faziam necessários.

Júlia, que também escutara os gritos do filho, acorrera rapidamente ao terraço e, vendo a cena desenrolar-se, pedira a Jerônimo que conduzisse o menino até a sala de estar e o colocasse em um divã para que pudesse dar-lhe a devida assistência.

O escravo, solícito, assim o fizera, partindo, a seguir, em direção à senzala.

Raimundo, que a pedido do próprio Domingos fazia sua habitual supervisão nas vizinhanças da morada dos escravos, de longe acompanhara o menino sendo carregado por Jerônimo e, radiante pelos desdobramentos que tal fato iria ter, atiçara com as esporas o animal que conduzia, dirigindo-se para o canavial onde sabia que o senhor do engenho encontrava-se.

Sem delongas, narrara a Domingos o que os seus olhos haviam visto, esperando ansioso as duras providências que o patrão, por certo, viria a tomar.

Domingos, visivelmente preocupado e deveras enfurecido, dirigira-se, súbito, para a casa grande a fim de inteirar-se dos últimos acontecimentos.

Ao adentrar as dependências da sua residência, sua voz estridente e nervosa se fizera ouvir, preenchendo os espaços, denunciando o mau-humor que o amplexava.

Diante da esposa e do filho choroso dissera, com evidente rispidez:

— Quanta irresponsabilidade! Como deixaste o menino ir até a senzala e, o que é mais grave, ser trazido nos braços pelo escravo, transgredindo as minhas ordens?

— E você Pedro o que lhe deu na cabeça para cometer tal desatino?

Júlia, mais calma, revestindo-se da autoridade de mãe zelosa e responsável que a ocasião exigia, replicara corajosa e convicta:

— Não é hora para repreensões. O nosso filho está sentindo muitas dores, talvez tenha quebrado a perna necessitando de cuidados médicos.

— Peça para Raimundo ir, com urgência, à cidade solicitar o concurso do doutor Cláudio.

Constatando o bom senso contido nas palavras da esposa, não lhe restara outra alternativa senão a de acatar o pedido que os seus ouvidos, comumente impacientes, acabavam de escutar.

Assim fizera.

Vivamente encolerizado, Domingos suava muito, caminhando de um lado ao outro da sala, na tentativa de assim aliviar a tensão que o abraçara. Repentinamente estancara os passos e com os olhos desmesuradamente abertos, extravasando através dos lábios o ódio venenoso que lhe corroía as entranhas dissera para Júlia, rispidamente:

— Mandarei aplicar a este macaco o castigo que merece por ter, acintosamente, descumprido as minhas ordens.

Júlia, notando a ira que emoldurava as suas palavras, procurara demovê-lo deste sombrio propósito, na tentativa de fazê-lo ver que Jerônimo houvera tomado tal atitude, simplesmente, pela gravidade do ocorrido, condoendo-se pelo choro sentido do menino Pedro que exteriorizava, assim, as dores que naquele momento o acossava.

Apesar da sua valorosa e justa argumentação, não conseguira dissuadir o esposo de tal intenção.

Envolvido por esta vibração odienta, impaciente, não via a hora de fazer cumprir o que há pouco prometera, fazendo com que os escravos sentissem o vigor da sua autoridade, incitando-os a obedecer, sem restrições, às regras que friamente houvera imposto.

Tão logo o doutor chegara à casa grande, fora acompanhando por Joana até o local onde Pedro e seus pais se encontravam.

Após os cumprimentos de praxe aproximara-se do menino, constatando, rapidamente, que fraturara a perna, passando de imediato a prestar-lhe a devida assistência.

Durante a madrugada quando Júlia, pressurosa, adentrara os quartos onde os filhos dormiam, percebera, ao acarinhá-los que as vestes de Paulo e Alice se encontravam molhadas de suor e suas frontes denunciavam estar fortemente febris.

Preocupada, após relatar suas desconfianças a Domingos, pedira-lhe para que fosse aos aposentos do doutor Cláudio que, por precaução, a seu pedido, ali pernoitara, solicitar seus préstimos junto aos seus filhos, evidentemente molestos.

Na realidade, a malária cruel também havia enlaçado com os seus tentáculos aquelas criaturinhas.

Na manhã seguinte, apesar dos seus competentes esforços, o doutor Cláudio não conseguira fazer com que a febre se apartasse de Paulo e Alice notando que recrudescia a cada momento, fazendo com que visível preocupação viesse fazer-lhe companhia.

Assim, acabara por reconhecer de que necessitava de uma ajuda alternativa e, para consegui-la, pedira a Júlia que apelasse para Duríbio, esperançoso de que com suas compressas e o chá de ervas que também ministrava aos escravos, pudesse devolver às crianças a saúde que todos esperavam.

De imediato, Júlia pedira a Joana que fosse ao encontro de Duríbio acompanhando-o até a casa grande.

Assim fora feito.

23

Antes do pôr-do-sol daquele mesmo dia, quando os escravos retornavam para a senzala, perplexos, constataram Jerônimo atado ao pelourinho a espera de provável castigo, cujas razões desconheciam.

Raimundo, prepotente, com o chicote ameaçador na mão, ordenara-lhes para que permanecessem ao redor do mastro infamante e após dar-lhes os esclarecimentos sobre o fato, passara a chicotear sem comiseração o pobre coitado, externando a impiedade que se mantinha cativa no interior da sua alma.

Os primeiros vergões foram surgindo no costado desnudo do escravo e, logo após, o sangue passara a escorrer pelas carnes feridas, tingindo de rubro as vestes modestas que cobriam o resto do seu corpo, deixando transparecer os sofrimentos que, em silêncio, suportava.

Terminado o martírio, o capataz ordenara aos escravos que retornassem à senzala, informando-os, com a característica arrogância, que Jerônimo ali iria permanecer por toda a noite e que, em hipótese alguma, iria receber qualquer alimento ou mesmo água, alertando-os sobre as punições que adviriam, caso viessem a descumprir suas determinações.

Visivelmente consternados e temerosos, só lhes restava cumprir, à risca, as recomendações recebidas.

Na manhã do dia seguinte, o escravo fora desatado do pelourinho e levado para a senzala a fim de receber a assistência de que estava necessitado.

Enquanto isso, na casa grande, Duríbio, que juntamente com o dr. Cláudio, passara toda a noite ao lado dos pequenos enfermos, convidara o médico para acompanhá-lo até o terraço e lá chegando, fitando-o com indizível tristeza, lhe segredara:

— Doutor Cláudio. Continuaremos a fazer tudo o que pudermos em favor destas crianças, entretanto, sinto dizer, que os olhos da minha alma enxergam dias difíceis para a família Castro. As vidas de Alice e de Paulo estão por um fio e nada mais podemos fazer a não ser, colocar estas duas criaturinhas, nas mãos de Deus.

Experiente e observador, o doutor Cláudio havia também chegado à mesma conclusão e, seu semblante abatido, demonstrava que, apesar de todos os seus esforços, havia perdido as esperanças e, com elas, a batalha em prol da vida que provavelmente sairia vencida pela morte a exibir, orgulhosa, os lauréis da conquista. Assim, mais dois longos dias de dedicação e de poucas esperanças transcorreram.

No quarto dia de enfermidade, tão logo o rei-sol dissera um novo até logo às terras do engenho, Alice, não conseguindo resistir à malária que impiedosamente a assediara, renunciou à vida, o mesmo acontecendo com Paulo, poucas horas depois.

Inenarrável foi a tristeza que se apossara de Júlia e Domingos, estendendo-se a Duríbio e ao doutor que mantiveram-se em silêncio constrangedor, visivelmente derrotados pelos infelizes acontecimentos que a vida friamente lhes impusera, imaginando a dor que viera visitar os familiares daqueles que houveram, precocemente, partido em direção a outras paragens.

Pela primeira vez puderam observar os olhos de Domingos

encherem-se de lágrimas que, incontidas, banharam as suas faces, exteriorizando as dores pungentes que, naqueles momentos, algemavam o seu austero coração.

Júlia, tendo a alma apunhalada pelos pesarosos desenlaces, com os olhos congestos e o semblante incontestavelmente abatido, delatando o sofrimento inimaginável que lhe fazia impiedosa companhia, dirigira-se, determinada, até onde se encontrava a imagem de Nossa Senhora e diante Dela ajoelhara-se respeitosa, dizendo, envolta em um sentimento de rara emoção:

— Mãe de todas as mães. Bem sabeis, que a dor que invade minh'alma é tão profunda e intensa que parece rasgar as minhas carnes, dilacerando cruelmente as minhas entranhas.

— Entretanto, confiando, incondicionalmente, no Vosso imensurável amor de mãe, tenho a certeza de que a nenhum de nós desamparara nestes momentos de indescritível aflição e sofrimento.

— Crendo fervorosamente em Vós, quero pedir-Vos, com todas as forças que ainda me restam, para levar em Vossos ternos braços estes dois pequenos tesouros e devolvê-los ao Pai eterno que, na Sua infinita bondade, nos concedeu por empréstimo, para que alegrassem as nossas vidas, colorindo os nossos dias, enquanto na Terra permanecessem, e que por justas razões, que só Ele as conhece, chamou-os de volta para junto de Si.

— Estendai sobre os nossos amados que se foram e para aqueles que aqui permaneceram, Vosso manto de luzes, trazendo-nos a doce companhia da resignação para que possamos dar continuidade às nossas vidas, cumprindo as missões que a cada um de nós o Pai, amorosamente, confiou.

Naqueles momentos inolvidáveis, enquanto as lágrimas deslizavam pelas faces empalidecidas de Júlia, relatando as dores inimagináveis que, heroicamente, suportava, Espíritos amigos a estreitavam em seus braços, dando-lhe forças para prosseguir, inspirando-lhe a consciente conformação, própria das criaturas sensíveis e elevadas, que compreendem e transpõem os momentos difíceis das suas existências tirando deles lições divinas a lapidarem as suas almas, fazendo-as luzir, preparando-as para um novo e venturoso porvir.

Como que anestesiada, Júlia enxugara o pranto e, delicada, levantara-se, nitidamente fortalecida e conformada, pronta para enfrentar, com coragem, as horas doridas que haveria de passar.

Decidida, encaminhara-se até onde Pedro se encontrava para relatar-lhe o infausto acontecimento. Assim o fizera com a delicadeza e o amor que a caracterizavam, tentando, de todas as formas, amainar-lhe os sofrimentos que tal notícia, por certo, iria causar-lhe.

Pedro, tocado pelo inesperado acontecimento, caira em prostração, ao mesmo tempo em que o choro incontido brotara dos seus olhos, fazendo emergir as dores que invadiam sua alma naquele instante e que, somente as dobras do tempo, teriam o condão de abrandar, porém, sem nunca fazê-lo esquecer-se daquelas criaturinhas que enfeitaram seus doces momentos de meninice.

Domingos, por sua vez, extravasando o profundo desvario que a dor da perda houvera provocado, não cansava de, em altos brados, culpar injustamente, os escravos, mormente Jerônimo, pela atroz infelicidade que se abatera sobre a sua família, usurpando a vida daqueles que lhes eram tão caros.

Após as dolorosas exéquias, a tristeza tornara-se, sem exceção, infeliz companhia de todos os que militavam no engenho da família Castro.

O silêncio que se fazia presente no interior da casa grande, representava o canto dolente que as almas de Domingos, Júlia e Pedro entoavam, saudosas, dos amores que haviam desertado da vida, deixando em seus lugares a solidão irreparável das suas ausências.

24

Três dias depois das infaustas ocorrências, Domingos fazendo-se acompanhar por Raimundo em costumeira inspeção no engenho, bruscamente estancara sua montaria e dela descera, sendo imediatamente seguido pelo capataz. Ambos encaminharam-se, a passos rápidos, para debaixo de uma árvore copada que presenteava o solo com a sua sombra generosa.

Domingos, procurando, injustamente, encontrar um culpado para aliviar os seus inquestionáveis sofrimentos, intentando extravasar a dor da perda que o martirizava, acossado por Espíritos que se encontravam distantes das sendas do amor e que, constantemente, o acompanhavam, estimulando-o a atitudes descaridosas e desumanas, num ímpeto de cólera e insensatez, evidenciando o desequilíbrio de que estava possuído, dissera com convicção, ao seu capataz:

— O culpado pelos infortúnios que enlutaram a minha família fora Jerônimo, aquele macaco, atrevido e inconseqüente, que trouxera a doença para dentro da casa grande. Porém, ele não perde por esperar. Farei com que sinta a repercussão da minha vingança nas próprias carnes pois, só assim, me sentirei aliviado, fazendo a justiça que o meu ser reclama.

— Esta noite quero que você busque este negro e, sem compaixão, esmague uma de suas mãos na moenda, para que nunca mais esqueça o mal que causara a minha família.

Raimundo tentara demovê-lo desta sua intenção, entretanto, a sua argumentação fora de pronto rechaçada, tal a intensidade do ódio e da desarmonia que envolvia o árido coração do senhor do engenho.

O capataz calara-se, consciente de que o patrão, desta feita, houvera exagerado em seus infelizes e descabidos propósitos.

Porém, temendo contrariá-lo, só lhe restara obedecer as ordens recebidas, mesmo estando convicto da injustiça que, a contragosto, iria praticar.

Assim, na calada da madrugada, Raimundo, ajudado por Juvêncio, o capitão do mato, silenciosamente, fora buscar o infeliz escravo na senzala.

Duríbio, que mantinha-se desperto, guardando no íntimo do ser maus presságios, notando estranha movimentação junto ao catre de Jerônimo para lá se encaminhara e, vendo Raimundo gesticulando nervosamente para o escravo, intentara saber o motivo daquela incomum visita do capataz à senzala quando este, irritado, lhe ordenara, entre dentes, que retornasse para o leito e ali permanecesse em silêncio, caso contrário, haveria de sofrer os castigos devidos pela desobediência.

Ao surpreso preto velho só restara obedecer e, aconchegando-se ao seu modesto leito, passara fervorosamente a orar em favor de Jerônimo que, por certo, iria enfrentar momentos muito difíceis.

Cerca de, aproximadamente, meia hora mais tarde, toda a senzala fora acordada pelos gritos lancinantes que provinham do local onde se encontrava a moenda, não havendo dúvidas de que tratava-se da voz sofrida e desesperada de Jerônimo.

Estarrecidos, os escravos procuraram sair da senzala a fim

de acudir o irmão de cor, porém, as portas e janelas haviam sido por Raimundo, propositadamente, trancadas por fora, impedindo que dali conseguissem sair.

Na casa grande os gritos doridos também se fizeram ouvir quando Júlia, dirigindo-se para Domingos, indagou-lhe sobre o que estava ocorrendo e este, sentindo-se intimamente vingado, narra-ra-lhe, friamente, o que deveria estar ocorrendo.

Impactada pela inconcebível atitude do esposo, perdera os sentidos e este, desarvorado, vivamente preocupado com o que acabava de ocorrer com a sua amada, fora apressado até o alpendre chamando, desesperado, por Joana que, o mais rapidamente possível acorrera ao local.

Vendo o estado em que a esposa se encontrava, Domingos fora visitado por intensa angina que o arrojara ao chão, quase desacordado.

Joana, sem saber a quem acudir, desesperada, correra até a senzala e, destrancando a porta, ali adentrara, pedindo, de imediato, o concurso sempre prestimoso de Duríbio, que presto, se dirigira à casa grande para oferecer sua modesta ajuda.

Antes que o sol passasse a acariciar a verde vegetação das terras da família, o doutor Cláudio, acompanhado por Raimundo, que o fora buscar, adentrava rapidamente as dependências da habitação onde, ansiosamente, sua presença era aguardada.

Júlia, já havendo recebido os devidos cuidados por parte de Duríbio, havia melhorado encontrando-se desperta e apreensiva ao lado do marido que, deitado no leito, apresentava nítida paralisia facial estendendo-se por todo o lado esquerdo do seu corpo.

Doutor Cláudio diagnosticara, sem dúvida, o enfarte que acometera, até então, prepotente senhor do engenho, no momento, submisso, à mercê dos cuidados médicos.

O experiente profissional temera, de imediato, a irreversibilidade da doença, devido a já detectada fragilidade do coração de Domingos.

Findas as providências cabíveis junto ao recém-enfartado, informado por Júlia a respeito do que ocorrera com Jerônimo, Cláudio, estupefato, não querendo acreditar no que ouvira através dos lábios da esposa de Domingos, dirigira-se com inconteste rapidez até a senzala, com o único propósito de prestar os socorros médicos que, obviamente, se faziam urgentes ao infeliz mutilado.

Assim fora feito.

25

As semanas foram passando, deixando rastros profundos de dor e de saudades, no íntimo daqueles seres humanos que restaram da, outrora feliz, família Castro.

Júlia e Pedro uniram-se ainda mais desde os infaustos acontecimentos, haurindo forças para enfrentar a vida, cumprindo assim com as suas responsabilidades, exercitando-se com o desenrolar destas dolorosas experiências, burilando seus corações, dando maior brilho às suas almas.

Domingos, triste e desesperançado, fora apresentando, dia-a-dia, notória e preocupante apatia.

Seus olhos, quando abertos, permaneciam estáticos, perdidos no espaço, como se vislumbrassem, tão-somente, as cenas do passado quando a vida lhe sorria, fazendo-o desfrutar a saúde, a riqueza e a alegria.

Quando muito, balbuciava algumas poucas e ininteligíveis palavras na tentativa de pedir algo de que estivesse necessitando ou então, para que alguém o ajudasse a aliviar o mal-estar que a enfermidade cruel lhe causava.

Por vezes, lágrimas furtivas, incontroláveis, emergiam dos seus olhos, outrora astutos e vivazes, relatando a melancolia que se apoderara do seu ser, indubitavelmente necessitado de carinho, auxílio e compaixão.

Seu corpo, que anteriormente esbanjava vigor e dinamismo, permanecia quase inerte, largado sobre o leito, submisso, qual farrapo humano à mercê dos corações generosos e das mãos caridosas daqueles que, a despeito de tudo, o amavam profundamente e, aos quais, nunca houvera dado o devido valor.

Sorvia ininterruptamente o fel do remorso, conscientizando-se do tempo precioso que houvera perdido, por não ter usufruído com maior freqüência e intensidade a companhia daqueles que lhe haviam dedicado o mais sincero dos amores.

Seis longos meses haviam, dolorosamente, desfilado na ampulheta do tempo, quando os olhos do ex-todo poderoso senhor das terras fecharam-se para o mundo efêmero da matéria inebriante, escancarando-se para a pátria espiritual, destino de todos nós.

Ali, haveria de enxergar o chão árido e pedregoso das estradas que haveria de trilhar, sangrando os pés, a fim de compreender o verdadeiro sentido do viver, reparando os erros que na Terra houvera cometido, quando a bondade infinita do Pai Celeste, uma vez mais, o havia premiado com a jóia do Seu incondicional perdão, proporcionando-lhe nova oportunidade reencarnatória, permitindo que desfrutasse a honrosa companhia de seres humanos que muito o amavam e que, o seu egoísmo contumaz, o impedira de dar-lhes o devido valor.

Só lhe restava então, como Espírito, curtir o desgosto, o remorso e a solidão que os seus desatinos houveram provocado, aguardando que nova reencarnação viesse proporcionar-lhe novas chances de ressarcir as dívidas que houvera contraído, intentando encontrar a felicidade que sua alma, carente, há tanto tempo, busca alcançar.

Júlia e Pedro que já haviam se acostumado com a presença passiva de Domingos no dia-a-dia das suas existências, acabavam de vivenciar outro doloroso episódio, marcando suas almas com o ferrete da perda irreparável que, certamente, se faria acompanhar da saudade pungente e incontrolável da ausência daquele que, a despeito das suas desvirtudes, verdadeiramente, amavam.

Os dias arrastavam-se lamuriosos, como se quisessem retroagir, devolvendo aos Castros, os momentos felizes de outrora.

Inúmeros foram os escravos que desencarnaram e, como conseqüência, a produção do engenho diminuíra consideravelmente, afetando a todos que ali militavam, até que novos escravos foram adquiridos, substituindo os que houveram partido para o além, por culpa da impiedosa enfermidade.

Após o desencarne de Domingos e com o devido consentimento de Júlia, o capataz assumira as responsabilidades no tocante à administração do engenho, sempre auxiliado por Juvêncio, o capitão do mato, cujos serviços foram contratados por Raimundo, com o devido aval da proprietária.

À medida que o tempo transcorria, o insensível capataz e seu ajudante, começaram a agir com nítido despotismo, tomando atitudes intempestivas, instintivas e, por vezes, maldosas para com os seus comandados, provocando um mal-estar geral, desagradando profundamente a Júlia e ao próprio doutor Cláudio, que passara a visitar a propriedade com mais freqüência, ampliando sua colaboração a todos que ali se encontravam, patrões e escravos.

A situação provocada por Raimundo, gradativamente, fora tornando-se insustentável, afetando a harmonia de toda a propriedade.

Um ano houvera passado e após muito refletir e ponderar, Júlia, corajosamente, decidira-se por dispensar, definitivamente, o insensato capataz das hostes de trabalhadores do engenho, bem como Juvêncio, pois, apesar dos seus constantes conselhos, não conseguira fazer com que mudassem os seus comportamentos inadequados e hostis.

Assim o fizera, dando-lhes trinta dias para que pudessem arranjar, alhures, outra ocupação.

O surpreso capataz procurara persuadi-la a mudar de opinião, tentando intimidá-la com palavras e gestos grosseiros que o caracterizavam, porém não conseguira atingir os seus propósitos, pois, Júlia permanecera impassível à sua ríspida argumentação, determinada a levar adiante sua conscienciosa decisão.

O doutor Cláudio naqueles exatos momentos, acompanhado por Joana, adentrara o escritório onde Júlia e Raimundo dialogavam.

Acovardado, Raimundo diminuíra o tom de voz e amainara seus gestos, deixando, a seguir, deseducada e nervosamente o local. Sentindo-se irremediavelmente vencido no seu intento, fora ao encontro de outros afazeres, levando no íntimo do seu ser o ódio próprio das criaturas que ainda não conseguiram fazer florescer o amor em seus ainda áridos corações.

Desacorçoada com o que a vida, ultimamente, lhe houvera imposto, Júlia convidara o médico para que, na noite seguinte, viesse fazer-lhes companhia para o jantar, pois gostaria de expor-lhe alguns pareceres e saber da sua opinião a respeito.

De volta a sua moradia, o doutor Cláudio, esperançoso pelas palavras que Júlia proferira, não via a hora que o novo dia surgisse e o sol se retirasse para, finalmente, vir ao encontro marcado e usufruir o convívio daquelas sofridas criaturas que aprendera a amar e respeitar.

26

A noite cobria com seu manto negro e salpicado de estrelas as terras do engenho quando o doutor Cláudio adentrou a casa grande acompanhado por Joana, sendo, como sempre, muito bem recebido por Júlia e Pedro que valorizavam sua sincera amizade e agradável companhia.

Depois de amena e despretensiosa prosa, dirigiram-se para a sala de jantar, a fim de usufruírem a refeição que Joana passara a servir com delicadeza e um simpático sorriso nos lábios, expondo seus dentes alvos que enfeitavam seu rosto evidenciando a pureza e a ingenuidade próprias da mocidade que lhe fazia prazerosa companhia.

Após o delicioso repasto, todos encaminharam-se para a sala de estar principiando, desta feita, conversação mais séria e objetiva.

Júlia, com o semblante que revelava a tristeza que, desde a morte dos seus queridos, passara a acompanhá-la, iniciara um breve e emocionado relato sobre os últimos acontecimentos de sua vida, seus sofrimentos, suas novas responsabilidades, suas decepções, passando, em seguida, a evidenciar a sincera consideração e respeito que nutria pelo competente doutor, agradecendo-lhe por tudo o que houvera feito pela sua família, deixando bem claro a dívida de gratidão que contraíra para com sua dedicada e respeitável pessoa.

Enquanto Júlia,delicadamente, expunha seus pensamentos, lágrimas brotaram dos seus olhos, exteriorizando a saudade que não lhe dava tréguas, fazendo relembrar-se daqueles corações queridos que houveram precocemente partido, deixando em seus lugares a solidão dorida das suas ausências.

Desculpando-se pela emoção que a visitara, enquanto enxugava as lágrimas, comunicara ao doutor Cláudio que pretendia, oportunamente, sair do Brasil, por algum tempo, fixando moradia em algum país da Europa, onde o menino Pedro haveria de completar os seus estudos, ao mesmo tempo em que ambos teriam a oportunidade de conhecer outras plagas, outras pessoas, outros hábitos e culturas, enriquecendo os seus conhecimentos, na tentativa também de amenizarem as dolorosas lembranças que deles, não queriam se apartar.

Cláudio, fortemente atingido nas fibras profundas da sua alma, pelo que acabara de ouvir daquela criatura a quem seu coração tanto se afeiçoara, a muito custo conseguira controlar suas emoções, porém, a palidez do seu rosto fizera transparecer a decepção que experimentava, deixando-lhe a certeza de que aqueles momentos ficariam, indelevelmente, gravados em suas lembranças.

Atenuado o dolorido impacto que vivenciara, readquirindo o habitual controle, conscienciosamente procurava compreender que Júlia tinha todo o direito a esta nova opção de vida e que, talvez, ele houvera se iludido, deixando-se alimentar por sentimentos com os quais Júlia não compactuava, pois seu coração mantinha-se fiel ao de Domingos, evidenciando o amor que por ele continuava a sentir.

Júlia, cuja sensibilidade feminina já havia detectado que Cláudio nutria por ela afeição que transpunha as barreiras da amizade, minimizando o impacto que houvera provocado junto ao médico, o convidara para, se possível, administrar toda a propriedade da reduzida família, durante a sua ausência, demonstrando a confiança irrestrita que nele depositava.

O médico, não declinara do convite, aceitando-o de bom grado, tal a estima que denotava para com a jovem viúva e seu filho.

Em seguida, Júlia chamara por Joana pedindo-lhe para que fosse ao encontro de Jerônimo e o encaminhasse até a sua presença, pois gostaria de falar-lhe.

Alguns minutos depois, Jerônimo, tendo ao seu lado Joana, adentrara o local onde Júlia, Pedro e Cláudio se encontravam, aguardando-o.

O olhar cheio de ternura que a escrava endereçava a Jerônimo e, por ele, retribuído com a mesma intensidade, deixava patente que o amor já houvera penetrado em suas entranhas, perfumando as suas modestas almas.

Depois de convidá-los para assentarem-se, o que fizeram com nítida timidez, Júlia iniciara amistosa conversação.

Em seqüência, dando maior seriedade ao diálogo, emocionada, passara a externar o seu sincero reconhecimento por tudo o que Jerônimo houvera feito em benefício do engenho. Continuando, procurara, em nome do falecido e dela própria, desculpar-se pelos dolorosos infortúnios causados, enaltecendo-o por não ter mantido qualquer resquício de ressentimento ou de mágoa para com aqueles que lhe provocaram tanta infelicidade, denunciando, assim, os bons sentimentos que possuía e que o tornavam pessoa muito querida junto a todos que usufruíam o seu convívio generoso, fraterno e conscientemente resignado.

Dando seqüência à sua fala, dissera-lhe:

— Há tempos venho observando o seu comportamento responsável e dedicado no que se refere aos trabalhos do engenho, constatando sua conscienciosa ascendência sobre os demais escravos, fazendo-me sentir estimulada a oferecer-lhe a oportunidade de assumir as responsabilidades, outrora, mal exercidas por Raimundo.

Surpreendido pela inesperada e promissora proposta, plena da mais sincera confiança que docemente fluía através dos lábios de Júlia, lágrimas principiaram a escorrer pelas faces negras de Jerônimo, quais jóias preciosas, trazendo com elas o agradecimento e o tesouro do perdão que o seu generoso coração, há tempos, havia encontrado, garimpando a compreensão, o esquecimento e o amor.

Tentando conter a euforia que anestesiava o seu ser, enxugando o choro emocionado e sincero que vertia das suas entranhas dissera, exalando felicidade:

— Sinhazinha. Meu trabalho e minha dedicação serão os meus agradecimentos pela caridade da confiança demonstrada em minha humilde pessoa.

Júlia, comovida, dera seguimento ao diálogo, dizendo-lhe:

— O teu comando será exercido através dos teus olhos justos, do teu falar enérgico, porém amistoso, do teu escutar paciente e compreensivo, do teu coração bondoso, da tua presença fraterna, dando novos ares a estas terras e a este engenho de cana. Tens a liberdade de escolher, entre os escravos, aqueles que deverão ajudá-lo no cumprimento das tuas novas responsabilidades.

Extravasando o seu contentamento, instintivamente, fora em direção a Júlia ajoelhando-se, humildemente, aos seus pés e antes de qualquer reação por parte dela, com a mão sã, segurara uma das mãos da sua benfeitora e, inocentemente, a beijara, fazendo transbordar os sinceros agradecimentos que, naqueles momentos, sua alma agasalhava.

As indescritíveis emoções que se apoderaram daquelas criaturas, mesclaram-se com as dos amigos espirituais que acompanhavam o desenrolar dos acontecimentos, contribuindo, paciente e incessantemente, para que a justiça, o perdão e a harmonia ali se fizessem presentes.

Naquele momento, miríades de luzes espirituais, multicoloridas, iluminaram as dependências da propriedade da família Castro, premiando todos com a paz que, suavemente, descia dos céus.

Júlia, sensibilizada, o mesmo ocorrendo com os demais, pedira para que Jerônimo fosse até a senzala buscar Duríbio, aquele preto velho, cuja bondade cativara tantos corações, e o trouxesse à sua presença pois também gostaria de falar-lhe.

Incontinenti, Jerônimo atendera, solícito, o pedido e, poucos minutos depois, Duríbio adentrava o local, adornando o ambiente com a paz que o distinguia e a alegria sincera que o seu sorriso franco delatava.

Após os cumprimentos e do relato sobre o que houvera sido dialogado minutos atrás, quando, por justa consideração, o preto velho fora colocado a par dos últimos acontecimentos, Júlia pedira-lhe que, em nome de todos, fizesse uma prece de agradecimento ao Pai da vida pela consciente resignação que colocara em seus corações, dando-lhes forças para prosseguir em suas jornadas, no cumprimento de suas respectivas missões.

Duríbio, emocionado e feliz pelo que acabara de escutar, docemente, fizera recair o seu olhar em cada um dos presentes, agradecendo-os, no silêncio da sua alma, o carinho fraternal e sincero que lhe ofertavam. Após, mediunizado, envolvido por Dimas, seu mentor espiritual e servindo-lhe de intérprete, expondo uma condição intelectual superior a que possuía, com voz calma e ternurosa, assim se fez ouvir:

— Sete letras, por vezes, compondo um triste hino ao amor, juntam-se, uma a uma, exaltando o suplício da dor.

— É a palavra saudade, que o nosso coração invade, trazendo consigo desencanto e sofrimento.

— Lembramo-nos, saudosos, daqueles amados que nos ofertaram o carinho da presença e que se puseram a caminho para outras plagas, levando consigo fragmentos da nossa alma, parte do nosso coração.

— Os dias tornam-se frígidos, pois fomos privados da presença, da palavra, do sorrir, do olhar, do acarinhar daquelas criaturas que enfeitaram a nossa vida.

— A perda, o não mais ver, sentir, viver, comprimem o nosso peito, angustiando o nosso coração, fazendo brotar dos nossos olhos, lágrimas de tristeza, solidão e saudades.

— Agora, nestes momentos inesquecíveis, em que os nossos corações se encontram unidos pelos laços ternurosos do amor e da verdadeira compreensão, conscientemente resignados com os ditames da vida, elevamos os nossos pensamentos a Ti, Jesus, para dizer-Te o quanto somos gratos pela vida que, o Pai de todos os pais, nos ofertara e, como somos felizes, por estarmos aqui reunidos, sem distinção de credo, de raça, de cor, de cultura, de valores sociais, juntos, simplesmente, em nome do amor.

— Mestre de todos os mestres. Ajudai-nos nesta tão difícil caminhada. Não importa que os nossos pés venham a sangrar, que os nossos olhos passem a não ver, que a nossa voz venha a emudecer, que os nossos ouvidos não mais possam escutar, que as nossas pernas não mais nos ajudem a locomover, pois desfrutando a Tua doce presença em nossos corações, teremos a paz que tanto almejamos, sentindo-nos estimulados a enviá-la a todas as criaturas que, conosco, palmilham as estradas da vida, brindando-nos com as suas presenças e, também, para toda a humanidade sofrida, tão carente de amor. Assim sendo, só nos resta, sinceramente, dizer-Te: Muito, muito obrigado, amigo, irmão amado, Jesus!

Estes dizeres inabituais, que revelavam incontestável sabedoria, sensibilidade e ternura, provindos através dos lábios do humilde preto velho, com vocabulário e entonação de voz diferentes das que o caracterizavam, causaram perplexidade em todos os que ali se encontravam, repercutindo, amorosamente, em seus corações como se fossem suave melodia a acariciar as suas almas.

O ambiente encheu-se de uma paz inenarrável, fazendo com que todos tivessem a certeza de que, naqueles momentos, um pedacinho do céu acabara de visitar a Terra, perfumando-a com suave fragrância, envolvendo-os por ondas de otimista esperança e de alegria que, há tempos não desfrutavam.

Aos presentes, não restara dúvidas de que o bondoso escravo houvera sido, tão-só, um veículo, através do qual, uma outra radiante inteligência dele se utilizara, para fazê-los refletir sobre as diversas nuanças do amor, deixando-lhes a certeza de que um mundo espiritual, muito mais pujante, envolve toda a humanidade distribuindo suas incontáveis benesses, bastando, para isso, que a ele procuremos nos ligar, utilizando-nos das pontes luminosas da fraternidade, da caridade e do amor.

Júlia, enredada por ondas cariciosas de muita paz, colocara sua mão sobre a cabeça do pequeno Pedro, sem o saber, carreando para o menino os mesmos sentimentos que, naqueles momentos, amplexavam a sua alma sensível.

Enquanto o humilde escravo fazia a prece, o olhar de Cláudio recaíra sobre a fisionomia de Júlia que, com os olhos fechados, sorvia cada uma das palavras, como se fossem pingos de mel, dulcificando o seu coração.

Naqueles instantes, percebera o pulsar acelerado do seu coração, enquanto a sua alma sentia que a esperança de com Júlia consorciar-se distanciava-se, cada vez mais, perdendo-se nos horizontes da realidade, desvanecendo os sonhos que, há tempos, teimosamente, acompanhavam os seus pensamentos.

Júlia, ao abrir os olhos, dirigindo-os para Duríbio, vira, emocionada, uma tênue luz azulada, mesclada por um prateado brilhante, que contornava toda a figura do preto velho, premiando-o com um aspecto verdadeiramente divinal.

Extasiada, percebera emergir das profundezas do seu ser, os mais puros sentimentos quando, sua voz, comovida e ternurosa, assim, se fez ouvir:

— Jesus. A partir deste momento, incondicionalmente, Te entrego o meu modesto coração, tendo a certeza de que será por Ti, docemente amparado, fortalecendo-o na fé, na resignação e no amor, para que eu possa, corajosamente, prosseguir em minha romagem, transformando-me, pouco a pouco, em humilde emissária dos Teus divinos ensinamentos.

— Faça, Jesus, com que os meus olhos exteriorizem a ternura que externava do Teu olhar; com que os meus ouvidos se tornem pacientes como os Teus; com que as minhas palavras reconfortem e encorajem como as Tuas; com que os meus braços estejam sempre prontos para amparar como os Teus; com que as minhas mãos se tornem caridosas como as Tuas; com que a minha presença seja portadora da Tua paz; com que o meu coração ame, sem restrições e com a mesma intensidade que sempre nos amaste!

Apaziguante e longo silêncio se fizera presente. Em todos ficara a certeza de que, aqueles momentos, permaneceriam para sempre, guardados em suas lembranças, como presentes de imensurável valor, que houveram recebido dos céus e que passariam, definitivamente, a emoldurar as suas vidas.

Duríbio, com os olhos d'alma, passara a ver Espíritos amigos que se acercaram de cada um dos presentes, envolvendo-os em ondas de alegria e de paz, incitando-os a desfrutar os tesouros da amizade e do amor.

Naqueles momentos sublimes, de verdadeira fraternidade, as teias que no passado distante uniam aquelas criaturas, outra vez se fizeram presentes, interligando-as, facultando-lhes nova oportunidade para aprimorarem os seus interiores e para melhor compreenderem e assimilarem os ditames da vida, possibilitando-lhes aproximarem-se, um pouco mais, do Sublime Peregrino e sentirem a Sua divina presença, nos seus corações.

O velho escravo, sensibilizado pela cena que acabara de presenciar, fora, em seqüência, impactado por uma visão ainda mais encantadora quando o Espírito de uma criança, envolvido por brilhante halo de luz cor de rosa, fora suavemente colocado por terna entidade espiritual nos braços de Joana.

Em seguida, a cena se repetira, porém, um outro neném, que se encontrava envolto por tênue halo de cor azul-claro, fora depositado, desta feita, nos braços de Jerônimo.

Ao final desta visão belíssima, inenarrável, Dimas, olhando para o preto velho, lhe disse, pelas vias do pensamento, externando um terno sorriso:

— Alice e Paulo retornarão ao chão da Terra generosa para, juntos, enfeitarem as veredas do bondoso casal de escravos.

— Ela, Espírito mais evoluído, iluminará os dias daquela família, ministrando através das suas atitudes e ações, as sábias leis do amor, pautadas pela sensibilidade e pela doçura.

— Ele, Espírito ainda cativo do orgulho frívolo e ilusório, desfrutará uma nova chance para, em companhia de seres amoráveis, aprimorar os seus sentimentos e aprender, definitivamente a amar.

— E assim, meu caro Duríbio, Deus Pai oferece a estas almas queridas novo ensejo reencarnatório para, unidas, vivenciarem novas experiências, exercitarem-se nas alegrias e nas tristezas, recolhendo de cada instante vivido, as lições redentoras que as farão crescer, evoluir.

A cena plena de encantamento, docemente, se desvanecera.

Emocionado, Duríbio não conseguira conter as lágrimas, sinceramente agradecido pela experiência bendita com que o Pai lhe houvera presenteado, permitindo-lhe enxergar com os olhos d'alma, as cenas maravilhosas e indescritíveis que os olhos da carne, não poderiam, nem mesmo vislumbrar.

Tão logo o sensível grupo de seres humanos, como que, despertou daqueles momentos de verdadeiro deslumbramento, durante os quais os seus corações usufruíram indefinível paz, expressa pela troca de olhares amistosos e pelos sorrisos brandos que os seus lábios delinearam, iniciaram-se as fraternais despedidas.

Naqueles instantes, as insígnias que enaltecem o orgulho, a vaidade e as diferenças entre as criaturas, não se fizeram presentes, diluindo-se no éter do amor.

Ali, não havia mais lugar específico para chefes ou subordinados, cultos ou iletrados, brancos ou negros, pois tratavam-se, simplesmente, de seres humanos unidos pelos laços da estima e do amor, todos, sem exceção, em busca da felicidade.

27

Seis meses se passaram desde aquela data, de tão profundas e inesquecíveis reflexões.

Administrado com irrepreensível sensatez e equilíbrio pelo doutor Cláudio, aliados ao operoso trabalho escravo, acompanhado e orientado com justiça e compreensão por Jerônimo, o engenho da família Castro fora visitado por um progresso nunca antes experimentado, para gáudio de todos aqueles que ali militavam.

Os escravos desempenhavam suas responsabilidades com o desejo de cooperar para o desenvolvimento sadio da propriedade, em retribuição a algumas poucas regalias que, a justa bondade de Jerônimo e a devida aquiescência de Júlia, lhes dispensavam.

O pelourinho fora retirado do pátio, sendo providenciado naquele mesmo local, um jardim florido e perfumoso, com o propósito de apagar as dolorosas lembranças que o madeiro infamante ali deixara, e, conseqüentemente, resgatar a harmonia e a paz, que, há tempos, todos almejavam.

A partir da reta gestão de Jerônimo, era notório que os escravos passaram a dispor de relativa liberdade, perfeitamente compatível com o satisfatório cumprimento das responsabilidades que a eles eram atribuídas.

Conquistaram, por seus próprios méritos, o direito de poderem dirigir-se, quando necessário, e, com o devido consentimento, até a cidade próxima para usufruir o prazeroso lazer quinzenal, assim como, para tomarem conhecimento dos valores dos artigos de que, realmente, estivessem necessitados para oportuna aquisição por parte de Jerônimo.

Para tanto, Júlia lhe deixava, mensalmente, uma certa quantia em dinheiro para que pudesse revertê-la, segundo seu consciencioso julgamento, em benesses para os escravos.

Além disso, tiveram a autorização para fazer suas próprias roças, cultivando hortaliças e frutas que, na devida ocasião, eram comercializadas na cidade e cujos dividendos ficavam em poder daqueles que as haviam plantado.

Na época, não restavam dúvidas de que estes fatos haviam se transformado em reais conquistas para os escravos da família Castro que, reconhecidos, retribuíam os benefícios recebidos, sob a forma de trabalho, respeito e consideração para com os seus superiores e de consciente responsabilidade no desempenho das suas atribuições.

Durante todo este período, estreitaram-se os contatos entre Júlia e o doutor Cláudio, pois, muitas vezes, tiveram de reunir-se para dialogar sobre os mais diversos assuntos atinentes à propriedade, visando fazê-la progredir, prosperar.

Estes momentos fizeram com que fossem intensificados os sentimentos que o médico, há tempos, nutria por Júlia, mantendo-os, com muito esforço, discretamente, enclausurados em seu coração.

Júlia, por sua vez, conhecendo-o melhor, pudera cientificar-se da nobreza do seu caráter, das suas sempre criteriosas atitudes na condução da propriedade, das suas palavras conscienciosas que emergiam do seu ser ilustrado e, ao mesmo tempo, dotado de cativante e sincera simplicidade.

Na realidade, ela passara a sentir uma profunda admiração pela sua pessoa, mas não amor, pois o seu doce coração, houvera sido, de há muito, entregue a Domingos, que da Terra partira deixando em seu lugar dorida saudade.

O médico, devido a este convívio mais freqüente, sentindo, a cada instante, recrudescer a afeição que sentia pela jovem senhora, encorajara-se a tentar uma maior, porém, respeitosa aproximação, quando então se aproveitaria da oportunidade, para confessar-lhe os nobres sentimentos que o seu coração mantinha cativos.

Assim, certa tarde, enquanto o sol se despedia, lentamente, das terras da família, como se quisesse ainda desfrutar, um pouco mais, as belezas que a sua própria luminosidade realçava, Júlia e o doutor, assentados na varanda da casa grande, dialogavam a respeito do passado, do presente e do futuro do engenho.

Durante o colóquio, Cláudio, não resistindo aos impulsos do seu coração, colocara, suavemente, suas mãos sobre as de Júlia, denunciando as sensações que o visitavam naquele momento, na expectativa de que este seu gesto, pleno de sinceras intenções, fosse bem acolhido, esperançoso de que ela viesse a retribuí-lo.

Sentira o calor e o suave tremor das mãos de Júlia, enquanto as batidas aceleradas do seu coração denunciavam as fortes emoções que dele se apossaram, aguardando, tão-somente, a aquiescência da jovem senhora, para que os seus sonhos, finalmente, se concretizassem.

Quando, aos olhos esperançosos de Cláudio, tudo parecia encaminhar-se para um feliz desfecho, sentira, decepcionado, as mãos de Júlia, delicadamente, se esquivarem das suas, dissipando-se, incontinenti, os seus doces devaneios.

Júlia, cujas faces foram tisnadas por leve rubor, que demonstrava o impacto de que fora acometida, intimamente recriminara-se por ter despertado no coração do bondoso doutor, sentimentos que, ela própria, em nenhum momento, houvera cultivado, fazendo-o vivenciar aquela situação de visível constrangimento e desilusão.

Recompondo-se das sensações que a envolveram, informara, educadamente, ao decepcionado doutor, que, dentro de poucos meses, ela e Pedro, iriam partir para a Europa, ali permanecendo até que o filho completasse os seus estudos quando então, retornariam para o Brasil.

Após dialogarem por mais alguns poucos minutos, o doutor Cláudio, tendo sido ferido nas fibras mais profundas do seu ser pela inesperada e dolorosa notícia, que apagava qualquer réstia de esperança que, porventura, ainda se mantivesse acesa em seu coração, se despedira, com o semblante tingido por indisfarçável palidez, carregando na alma, inenarrável tristeza.

Pedro, da janela da sala, observara a cena, sentindo-se acossado por um misto de ciúme e ao mesmo tempo de pena do doutor a quem tanto estimava.

Quantas vezes vira sua mãezinha, ajoelhada, diante do crucifixo, fazendo sua prece, envolvida pelos mais puros sentimentos, pronunciando o nome do pai, com tanto carinho, que ele mesmo, Pedro, chegava a comover-se, a tal ponto, de não conseguir conter as lágrimas que, teimosamente, lavavam seu rosto, diluindo as tristes recordações que a sua alma, naqueles momentos, albergava.

Envolvido pelo Espírito guardião que o assistia, Pedro conseguira desvencilhar-se do ciúme que intentara alojar-se no seu coração, acolhendo, naturalmente, a idéia de que Cláudio e Júlia pudessem vir a se casar, pois, além de gostar do médico, percebera o grande afeto que ele devotava à sua mãe e, assim, ela poderia livrar-se da solidão que a perseguia, evitando, definitivamente, que a tristeza fizesse morada em seu dulçoroso coração.

Assim pensando, Pedro fora ao encontro da mãezinha, abraçando-a carinhosamente.

Em seguida, dissera-lhe, com palavras simples e sinceras, próprias da idade, que, sem querer, havia observado o doutor Cláudio segurar em suas mãos e que, no momento, fora flechado pelo ciúme, porém, logo dele se esquivara, ressaltando que muito estimava o médico e que, se Júlia viesse com ele consorciar-se, ele, Pedro, não haveria de entristecer-se, pois, talvez assim, ela pudesse reencontrar a felicidade, resgatando a alegria de viver.

Júlia, o abraçara com imensa ternura, dizendo-lhe, com a voz entrecortada por incontestável emoção:

— Filho querido. Seu pai, prematuramente, nos deixara e seu Espírito rumou para outras paragens, levando consigo parte do meu coração, deixando um rastro profundo de saudade que me acompanha todos os dias, tal a intensidade do amor que nos fazia constante companhia.

— Mesmo tendo a certeza do afeto sincero que o doutor Cláudio me dedica, sinto que não poderia retribuir-lhe com a mesma intensidade e, ao seu lado, tenho a convicção de que eu não iria encontrar a felicidade, e o que é mais grave, e injusto, eu o infelicitaria também, pois não conseguiria entregar-lhe o meu coração que a ti, aos teus saudosos irmãos e ao teu pai, pertence.

O silêncio os amplexou, deixando o menino Pedro convencido da impossibilidade de Júlia e Cláudio unirem suas vidas.

28

Três meses depois, Júlia e Pedro partiram para Portugal deixando saudades nos corações de todos aqueles que, sinceramente, os estimavam.

Desembarcaram na capital portuguesa com intenções de, em breve, dirigirem-se para a França, porém, a fraternal acolhida que tiveram, por parte dos parentes de Domingos, os fizeram desistir da idéia e ali permaneceram, desfrutando as benesses daquele país, pleno de belezas e cores.

Mãe e filho adaptaram-se sem dificuldades aos hábitos e costumes do povo português e, logo, sentiram-se como se estivessem em pleno Brasil, tal a receptividade, em todos os sentidos, de que foram alvo, passando a amar aquela terra e aquela gente que tão gentilmente os acolhera.

Pedro, com o devido apoio e incentivo de Júlia, optara por intensificar os seus estudos em Lisboa. Como, desde cedo, demonstrara forte inclinação para as letras, enveredou, decididamente, por este caminho tão gratificante, identificando-se, rapidamente, com a diversidade de suas belíssimas nuanças, usufruindo com avidez os tesouros que os seus mestres lhe ministravam.

Aprimorando-se na arte de expressar-se por meio da palavra ritmada, libertara a veia poética que sua alma sensível, mantinha enclausurada, aguardando, tão-só, o ensejo, que finalmente se apresentava, para manifestar-se, espargindo o seu perfume, inebriando os corações daqueles que se predispunham a ler os seu escritos.

Muitas vezes, sentado diante da escrivaninha, seus olhos, cheios de romantismo, transpunham a vidraça da janela do seu quarto e apreciando a chuva banhar o chão da Terra, ou o sol vindo acariciá-lo, ou mesmo algumas folhas tocadas por brisa suave, bailando no espaço, eram motivos suficientes para que Pedro extraísse, daquelas cenas comuns, escritos, plenos de sensibilidade e poesia.

Aqueles que os liam, acabavam por desfrutar momentos de puro enternecimento, permitindo que dos seus corações emergissem sentimentos que, por vezes, se encontravam esquecidos, fazendo-os enxergar o mundo e os seres humanos que o habitam, de maneira mais fraterna, dulcificando as suas almas.

A pena deslizava sobre o papel, com tal rapidez e segurança, que mais parecia uma extensão da sua própria alma. A tinta que o tingia, assim como, as palavras e as frases que nele eram cravadas, deixavam um rastro de nobres e ternos sentimentos que afloravam, incontidos, do imo do seu ser.

Sem dúvida, pouco a pouco, Pedro fora exteriorizando o seu incontestável pendor literário que os anos, inevitavelmente, acabariam por demonstrar.

Durante todo o tempo, as cartas do Brasil e de Portugal fluíam com notória freqüência, colocando os membros da família Castro, o doutor Cláudio, Jerônimo e Joana, a par de todos os acontecimentos importantes que vivenciavam.

Pedro, finalmente, formara-se recebendo os lauréis da sua justa conquista.

Há algum tempo, tanto Júlia como Pedro, apesar de todo o carinho que recebiam por parte dos familiares e, por que não dizer, do povo português cuja companhia desfrutavam, vinham sendo acossados por pungentes lembranças da terra que os vira nascer, da fazenda, do engenho, das pessoas que lá ficaram...

Profunda nostalgia passara a lhes fazer constante companhia, incitando-os a retornarem para o solo pátrio, a fim de matarem as saudades que os tornaram cativos de inquestionável melancolia.

Assim, com os corações partidos, Júlia e Pedro deixaram as terras de Cabral, rumando para o Brasil, sinceramente agradecidos a todos aqueles que os premiaram com a honra da atenção e da amizade, trazendo entalhados em suas almas, os rastros do fraternal amor que os portugueses lhes houvera deixado, tendo a certeza de que jamais os haveria de esquecer.

No porto, os lenços brancos das despedidas acenavam sem descanso, denotando as fortes emoções que, naqueles momentos, ali se faziam presentes, revelando também as doces lembranças que se alojaram nos corações dos que partiam e nos daqueles que ficaram, deixando marcas profundas e inapagáveis em suas almas.

29

Após longa e ansiosa viagem, Júlia e Pedro, finalmente, aportaram em terras brasileiras, já saudosos dos entes queridos que em solo português deixaram e, ao mesmo tempo, felizes por voltarem ao Brasil e, em breve, poderem rever aquelas criaturas que, de alguma forma, fizeram parte das suas histórias.

Na capital, foram recepcionados com vívida emoção pelo doutor Cláudio e por Jerônimo que o acompanhava.

Concomitantemente, os cumprimentos se fizeram presentes, acompanhados pelos sorrisos plenos de sinceridade, exteriorizando as alegrias que se mesclavam no espaço, provindas do interior dos corações dos que chegavam e daqueles que os recebiam.

Estavam ansiosos para reverem, não só o rincão querido, cenário de tantos momentos inolvidáveis, mas, também, aquelas criaturas que, há tempos, ali militavam, mormente Joana e Duríbio que haviam deixado marcas profundas de lealdade em seus corações. Assim pensando, rumaram, céleres, para as terras da família.

Após algumas poucas horas de ansiosa e cansativa viagem, o veículo que os levava, conduzido por Jerônimo, aproximara-se dos portões da fazenda. Júlia e Pedro, emocionados, perceberam o pulsar acelerado dos seus corações, ao mesmo tempo em que uma dorida saudade de Domingos se fizera presente, trazendo-lhes de volta as dolorosas lembranças do passado.

Lágrimas, incontroláveis, afloraram dos olhos de Júlia e de Pedro, exteriorizando o amor que sentiam por Domingos e que nem os anos transcorridos foram capazes de fazê-los esquecer.

Na realidade, o Espírito ainda perturbado de Domingos ali se fizera presente, suscitando aquelas sensações.

Agasalhando ainda o mesmo egoísmo de quando encarnado, inconformado e confuso, agressivamente, indagava à Júlia, do porquê houvera permitido que a sua propriedade se transformasse em um antro de escravos indolentes e desocupados, usufruindo regalias que não faziam por merecer.

Tresloucado, vociferava sem parar, destilando o seu ódio.

Atarantado, enceguecido pelo egoísmo contumaz que lhe velava a realidade da morte, não se apercebera que ninguém o escutava, que Pedro houvera se tornado um elegante rapaz e que sua amada já demonstrava no rosto ainda belo, as marcas dos anos vividos, deixando, assim, de desfrutar, naqueles instantes, a presença daqueles seres amoráveis que nunca o esqueceram, continuando, incondicionalmente, a amá-lo.

Há anos, o Espírito do ex-senhor das terras, mantinha-se imantado àquela que fora, quando em vida, sua legítima propriedade, não tendo a consciência de que houvera morrido e assim sendo, equivocadamente, interagia como se vivo estivesse.

Se enquanto estivera encarnado, houvesse dedicado, tão-somente, parte do seu tempo para refletir sobre a realidade do Espírito, possivelmente, já teria se certificado de que não mais pertencia ao mundo dos vivos e, como conseqüência, não estaria se martirizando, retardando o conhecimento da verdade.

Júlia e Pedro, desvencilhando-se daqueles tristes pensamentos, junto com os demais, radiantes, transpuseram os portões da próspera propriedade.

Alguns minutos após, Jerônimo estancara os animais diante da casa grande.

Joana, segurando pelas mãos um casal de crianças, se aproximara do veículo, recepcionando seus integrantes com um sorriso contagiante, que evidenciava a alegria que o seu coração experimentava naquele momento de feliz reencontro.

Tão logo Júlia e Pedro desceram do veículo que os conduzira, envolvidos por sincera saudade, imediatamente dela se desvencilharam ofertando e recebendo abraços afetuosos que emergiam, despretensiosamente, das entranhas daquelas almas generosas.

As duas crianças, Bento, com pouco mais de três anos e Maria, com cinco, instintivamente, se aproximaram de Júlia e de Pedro e, como se já os conhecessem, correram em suas direções estendendo-lhes os seus bracinhos, aconchegando-se, naturalmente, em seus regaços, entrelaçando seus corações.

Ao abraçarem aquelas duas inocentes criaturinhas, Júlia e Pedro sentiram um turbilhão de doces emoções invadir a intimidade dos seus seres, despertando-lhes uma mescla, indefinível, de carinho e de amor que os deixara como que anestesiados, tal a intensidade dos sentimentos que, incontroláveis, deles afloraram.

Naqueles exatos instantes, uma plêiade de Espíritos amigos que ali se encontrava acompanhando o desenrolar dos acontecimentos, a todos envolvera em claridades azuis-prateadas, belíssimas, de harmonia e de paz, impossíveis de, com palavras, ilustrar.

Na verdade, aquelas doces criaturinhas, nada mais eram do que a reencarnação de Paulo e Alice que novamente pisavam o chão da Terra, para vivenciarem uma outra etapa de experiências no carreiro redentor das suas existências, caminhando, sem cessar, em busca da luz, constantemente emanada pelo Divino Mártir da Cruz.

O Espírito Domingos que, ainda ali, se mantinha presente, vendo aquelas duas crianças, experimentara, nas fibras mais íntimas do seu Espírito, uma sensação estranha, insólita, que o deixara mais atônito.

Sentira como se aqueles pequeninos inocentes, fossem Paulo e Alice, seus filhos, porém, vestindo outras roupagens carnais, desta feita, tingidas pela cor negra que, injusta e desarrazoadamente, tanto desprezava.

Perplexo, perguntava para si mesmo:

— Como isto pode ser possível? Como?

— É um desatino da minha parte. Será que estou delirando?

Rapidamente, porém, procurara se descartar das incômodas e intrigantes impressões, tentando explicá-las como descabido pesadelo.

Entretanto, apesar dos seus esforços, não conseguira o seu intento.

Desconhecendo as leis naturais da reencarnação, ignorando que, há tempos, houvera deixado o fardo carnal, não conseguia compreender e, muito menos aceitar a realidade que se descortinava diante dos seus, extasiados, olhos espirituais.

Desvairado, inconformado com o que presenciara, deixara, subitamente, o local, predispondo-se a retornar em outra oportunidade, tão logo se refizesse do impacto que o acometera.

30

A casa grande apresentava-se com novas cores, cujas tonalidades, suaves, a tornaram mais acolhedora e agradável aos olhos de quem a observasse.

Era notório o jardim, muito bem cuidado, que a circundava, onde trepadeiras coloridas e flores de diversos matizes se faziam presentes, adornando-a com suas belezas, abraçando-a com os perfumes que exalavam, glorificando a vida.

Júlia e Pedro, felizes, atribuíram de imediato, a sensibilidade de Joana, aos braços operosos de Jerônimo, com a devida aquiescência do doutor Cláudio, a possibilidade de desfrutarem tão bela e delicada visão.

Tão logo adentraram as dependências da bela moradia, observaram que alguns móveis haviam sido mudados de lugar, dando novos ares aos ambientes, tornando-os mais leves e aconchegantes, agradando-os sobremaneira.

Mãe e filho, instintivamente, acompanhados por Joana, Jerônimo e o doutor, encaminharam-se até onde se encontrava o pacífico crucificado e ajoelhando-se diante do madeiro que o sustinha, Júlia proferira comovente prece.

Agradecera as experiências tantas que houvera vivenciado, as alegrias e as tristezas passadas, a gratificante estadia em terras distantes, o feliz retorno ao saudoso rincão, a companhia das pessoas queridas que tão carinhosamente os acolhera, enaltecendo a vida e a presença constante do Divino Amigo em seu sofrido coração, agora, mais amorável e compreensivo.

Naqueles instantes, Espíritos amigos lhe ofertaram abraços cheios de ternura e amor, fazendo-os desfrutarem uma paz indizível, quando então, as recordações do passado, vieram visitar os corações de Júlia e de Pedro fazendo-os lembrar dos tempos de outrora, sendo então amplexados pela saudade que viera acompanhada das lágrimas, extravasando os mais puros sentimentos que emergiam, incontroláveis, das suas almas carentes das presenças daqueles seres queridos que, no passado, haviam enfeitado as suas vidas.

Terminada a prece, com os corações envolvidos por ternas emoções, todos, dirigiram-se para a sala de estar entretecendo rápida e alegre conversação, quando o doutor Cláudio comunicou aos recém-chegados, que houvera, recentemente, se consorciado com uma jovem que conhecera nos tempos de estudante e que, em breve, a traria para que pudessem conhecê-la.

Júlia ficara verdadeiramente feliz com a notícia e, gentilmente, convidara o doutor e a esposa para que viessem, na noite seguinte, fazer-lhes companhia para o jantar, quando então, poderiam dialogar mais tempo, inteirando-se dos acontecimentos.

O doutor Cláudio, sorrindo, prontamente acolhera o amistoso convite.

Em seguida, com o propósito de deixá-los a sós com Joana e Jerônimo e usufruírem o justo descanso, se despedira.

Ao final da tarde, do outro dia, quando o sol se despedia, o casal adentrava a casa grande, sendo recebido por Júlia e Pedro, cujos sorrisos, denunciavam a satisfação que os seus corações, naqueles momentos, sentiam.

De imediato, dirigiram-se para a sala de estar iniciando, despretensiosa, prosa.

Carolina, de feições delicadas, apresentava certa parecença com Júlia. Seu olhar, sua fala, seus gestos e atitudes evidenciavam a educação refinada que houvera recebido e que, mesclada com uma simplicidade natural e espontânea, a todos, encantara.

Cláudio, que outrora sentira seu coração pulsar mais fortemente por Júlia, agora em sua presença, experimentava sensações inusitadas. Sem dúvida, continuava a nutrir, certa afeição e carinho pela sua pessoa, entretanto, não com a mesma intensidade de antes, pois a doce Carolina, pouco a pouco, houvera conquistado o seu amor.

Alguns minutos depois, todos dirigiram-se para a sala de jantar para desfrutar a refeição que Joana, como outrora, preparara com todo o esmero e carinho.

Conversação amena e sadia se fizera presente durante a refeição e, tão logo, Joana se aproximara para servir a sobremesa, Júlia elogiou os pratos que preparara, dizendo-se saudosa dos quitutes que, costumeiramente fazia e que tivera a oportunidade de, com prazer, saborear.

Ao mesmo tempo, todos, sorrindo, dirigiram seus olhares em direção à escrava, como que avalizando o que Júlia acabava de dizer.

Joana, demonstrando certa timidez, agradecera com um sorriso que, espontaneamente, brotara dos seus lábios, externando a alvura e perfeição dos seus dentes, enfeitando seu semblante pleno de singela felicidade.

A paz e a harmonia se fizeram presentes durante todo o tempo, retratadas nas fisionomias de cada um.

Findo o saboroso repasto, retornaram a sala de estar.

Alguns minutos após, Joana e Jerônimo, educadamente, adentraram o local, sendo acompanhados por Bento e Maria, cada qual, portando em seus bracinhos, um ramalhete de flores, colhidas no jardim da casa grande.

A seguir, incentivados por Joana, encaminharam-se na direção de Júlia e de Pedro, a eles, ofertando-as, fazendo-se acompanhar por sorrisos inocentes que exalavam a pureza dos seus coraçõezinhos.

A pequenina Maria, cuja bondade e vivaz inteligência se fazia notória, olhando para Joana, como a pedir-lhe consentimento, inesperada, porém, corajosa e delicadamente, retirara do buquê uma linda rosa, ofertando-a, incontinente, à Carolina.

Bento, instintivamente, copiando o gesto da irmã, fizera o mesmo, retirando uma outra do ramalhete de Pedro, oferecendo-a ao doutor Cláudio.

Todos, emocionados e agradecidos, beijaram aquelas inocentes criaturinhas e, naqueles instantes, os corações de Júlia e de Pedro bateram acelerados, movidos por uma saudade inenarrável de Alice e de Paulo que, de certa forma, amainara-se, tão logo abraçaram os pequenos, sem se darem conta, de que, na realidade, amplexavam suas almas, revestidas, desta feita, de nova indumentária carnal.

Naqueles momentos, os corações de todos se entrelaçaram em ondas de vívidas e alegres sensações pelo inusitado das cenas que seus olhos tiveram a ventura de desfrutar.

Jerônimo e Joana trocaram olhares repletos de surpresa e emoção, a custo, contendo as lágrimas que tentavam dos seus olhos aflorar e, segurando-se nas mãos, felizes, agradeceram, no interior das suas almas, ao Pai de infinito amor, por lhes haver presenteado com aqueles dois serezinhos que vieram perfumar os seus caminhos, enfeitando os seus dias.

Quando a alegria contagiava todos os presentes, eis que o Espírito Domingos, nervosamente, adentrara o recinto.

No mesmo instante, Bento, abrindo desmesuradamente os olhos, correra, repentinamente, em direção à Joana, visivelmente aterrorizado, abraçando-a, implorando a proteção do seu colo.

Na realidade, o menino vira o Espírito tresloucado Domingos e atemorizara-se, como se tivesse visto um fantasma, sem, obviamente, se dar conta de que visualizava aquele que, em encarnação anterior, houvera sido seu próprio pai.

Caro leitor.

Deus, na Sua bondade infinita, aos nos presentear com nova oportunidade reencarnatória, sábia e amorosamente, coloca em nossa alma, o véu do esquecimento das vidas passadas, possibilitando-nos nova chance de viver e interagir, não só com aqueles seres humanos que, há muitos evos, amamos e fomos por eles amados, mas também, com antigos e persistentes desafetos.

Assim, através do convívio mais estreito e freqüente, por certo, haveremos de conhecê-los e compreendê-los melhor, ensejando-nos vislumbrar no interior dos seus corações, resquícios de luz, mesmo que ainda se encontrem esmaecidos, mas que, inegavelmente, todo ser humano, carrega no imo da sua individualidade.

Vivenciando, juntos, experiências doces e amargas, pouco a pouco, haveremos de aprender a respeitá-los e a amá-los, apagando assim, definitivamente, das profundezas das nossas almas, a mágoa, o rancor e o ódio que, há tempos, nos faziam teimosa, companhia.

O Espírito do ex-senhor das terras, descontrolado, vociferava agressivo, recriminando a esposa pela sua conduta pacífica e amistosa que, ao seu ver, egoísta e maldoso, estava completamente equivocada.

Esbravejando, olhava para Pedro, Cláudio e Carolina, pedindo-lhes aval a respeito das suas errôneas considerações, como se o estivessem ouvindo, quando, em verdade, não o escutavam.

O clima que, há poucos minutos era de pura emoção, transformara-se, repentinamente, em notórias preocupações e dúvidas, provocando um mal-estar em todo o grupo.

Júlia, de imediato, encaminhara-se na direção de Joana na tentativa de auxiliá-la de alguma forma, porém, o pequeno, aos prantos, permanecera abraçado a mãe que, naquele momento, o sustentava no colo.

Sem saber o que estava ocorrendo com o filhinho, visivelmente surpreendida e sem graça, Joana pedira licença e, juntamente com Jerônimo e Maria, retirara-se, partindo, em seguida, em direção à senzala.

Júlia procurara encetar, novamente, salutar conversação; entretanto, apesar de todos esforçarem-se para esquecer o pequeno incidente, o ambiente perdera a harmonia anterior.

Hora e meia após o saboroso jantar, o casal, agradecido, despedira-se de Júlia e de Pedro, retornando para a sua residência.

A expressão inocente e feliz do menino, transformada, repentinamente, em incontestável pavor, causara espanto e dúvidas em todos, que, na intimidade dos seus seres, passaram a fazer inúmeras conjeturas, sem, entretanto, chegarem a qualquer conclusão plausível.

Júlia e Pedro, indagavam-se, mutuamente, o que haveria ocorrido com o pequeno Bento e porque, o clima de evidente mal-estar, que de todos se apossou.

Não imaginavam que o Espírito Domingos, fora o causador daquele desagradável episódio.

Cansados, mãe e filho despediram-se com carinhosos beijos, e dirigiram-se para os seus respectivos aposentos, enquanto que o Espírito Domingos, sentindo desprezados os seus apelos, retirara-se colérico, do local.

Joana e Jerônimo, visivelmente preocupados, acompanhados por Bento e Maria, foram ao encontro de Duríbio, narrando-lhe, em detalhes, a ocorrência, esperançosos de que o bondoso preto velho pudesse esclarecer-lhes a respeito e tranqüilizá-los.

Duríbio, em silêncio, escutara paciencioso toda a narrativa, e ao mesmo tempo em que aconchegava o pequeno em seu regaço, o presenteava com um passe, movendo, lentamente, algumas vezes, sua mão calejada, da nuca ao cóccix do menino, acalmando-o a tal ponto, que fora enlaçado por sono tranqüilo e profundo.

Tão logo Bento adormecera, Duríbio tranqüilizara os pais, dizendo-lhes que, o ligeiro incômodo, houvera passado.

Em seguida, pais e filhos, voltaram para casa a fim de desfrutarem de sono reparador.

Duríbio antes de adormecer, fizera sua costumeira prece, pedindo aos amigos espirituais que envolvessem o garoto em ondas de paz, devolvendo a calmaria ao lar de Jerônimo e Joana.

Após o sono o amplexar, o Espírito do preto velho abandonara o seu arcabouço físico e dirigira-se até o quarto onde Bento dormia para inteirar-se do seu estado, quando fora, agradavelmente surpreendido, pela presença do Espírito Júlia que, também, preocupado com o pequeno escravo, tivera a mesma iniciativa.

Depois de saudoso e gentil colóquio espiritual, constatando que Bento estava bem e dormia o sono solto, ambos se despediram e encaminharam-se para os seus leitos, retornando aos seus veículos carnais.

31

Pela manhã, quando os raios de sol já haviam dissipado o negror da madrugada, Júlia, após a habitual refeição matinal e já tranqüilizada por Joana quanto ao estado emocional de Bento, pedira à jovem escrava que convidasse Duríbio para que viesse ter com ela, pois estava ansiosa para revê-lo e, com ele, dialogar, desfrutando, assim, a sua apaziguadora companhia.

Poucos minutos depois, o preto velho, caminhando com visível dificuldade, amparado por Joana, demonstrando o peso dos anos vividos, adentrara a sala de estar da casa grande onde Júlia, já o aguardava.

Um sorriso cheio de simpatia e bondade, imediatamente, adornara os lábios de Duríbio, delineando a alegria que o seu coração estava desfrutando.

Júlia, não contendo a satisfação que dela se apoderara, relembrando-se, muito vagamente, do que julgava ter sido um sonho, durante o qual havia se encontrado com o bondoso escravo, fora ao seu encontro e o abraçara com imenso carinho, externando a felicidade que experimentava ao reencontrá-lo.

Naquele exato momento, o Espírito Domingos, também, ali, se fizera presente.

Transtornado com a cena que seus olhos espirituais, surpresos, acabavam de ver, gesticulando nervosamente, vociferava encolerizado, extravasando todo o ódio que dele se apossara, inconformado por não sentir-se ouvido e, muito menos, atendido nos seus equivocados apelos, julgando-se ainda vivo, quando na verdade, já pertencia ao mundo dos Espíritos.

Duríbio, através da sua mediunidade, vira, nitidamente, a presença nervosa, agressiva e inconformada do Espírito Domingos junto a eles, não deixando dúvidas de que, apesar dos anos transcorridos, o senhor das terras não havia se conscientizado do seu atual estado, julgando-se, ainda, revestido da indumentária carnal.

Júlia, como sempre, afável, iniciara amena conversação com o preto velho, narrando-lhe os últimos acontecimentos, as alegrias da viagem e das experiências vividas.

Repentinamente seus olhos marejaram e, lágrimas incontidas, deslizaram pelo seu rosto belo e sofrido, ao mesmo tempo em que, saudosa, passara a recordar-se dos tempos passados quando Domingos e os filhos enfeitavam seus dias, iluminando a sua vida.

Inspirado pelo seu mentor espiritual, o preto velho apercebera-se da oportunidade que, naqueles instantes, se descortinava para fazer com que o Espírito Domingos atentasse para a realidade dos fatos.

Assim, com sábias palavras, fizera com que Júlia fosse lembrando-se dos bons tempos, outrora vividos.

Gradual e habilmente, acautelando-se para não constranger a gentil senhora, passara a referir-se ao surto de malária que se instalara na propriedade da família, causando a morte de muitos escravos, culminando com a trespasse prematuro de Paulo e Alice e posteriormente do próprio Domingos.

O Espírito do ex-senhor das terras, que tudo escutara, perplexo, assentara-se bruscamente na poltrona que, quando vivo, era sua preferida. A seguir, passara a olhar para as suas mãos, braços, enfim para todo o seu corpo, falando consigo mesmo:

— Como posso estar morto, se falo, escuto, enxergo, penso, me movimento?

— Não, não é possível, estou vivo!

— Esse velho escravo está louco e, o que é pior, está tentando convencer Júlia destas suas sandices!

Duríbio, sabedor da sensibilidade de Júlia e da sua natural curiosidade e predisposição para conhecer as nuanças da espiritualidade, aproveitara-se do que houvera ocorrido no dia anterior com o pequeno Bento para, sutilmente, encaminhar a conversação para este campo fértil e consolador.

Convicto de que o momento se apresentava apropriado para levar esclarecimentos importantes ao Espírito Domingos que, impaciente e inconformado, ainda ali se encontrava e, ao mesmo tempo, corresponder aos sinceros anseios de Júlia, passara a discorrer com simplicidade e sabedoria, sobre o que acontece com os Espíritos após a morte.

Assim, calmamente, fora relatando que muitos Espíritos, ainda demasiadamente apegados aos bens, prazeres e gloríolas do mundo, aos amores que nele houveram deixado, cultivando a mágoa, o ódio, a vingança, a vaidade, o orgulho, a avareza, a incompreensão e tantas outras desvirtudes, apesar do fraternal auxílio que recebem das equipes socorristas do além, têm dificuldades de apartar-se dos ambientes e das pessoas, onde e com quem interagiam antes do trespasse, sentindo-se por eles atraídos, permanecendo a eles imantados.

Falam, escutam, enxergam, se locomovem, opinam, interagem, como se vivos estivessem, envolvidos por um torpor que lhes dificulta o discernimento e a reflexão, como se vivenciassem fatigante e interminável pesadelo.

Sendo assim, não conseguem notar que suas presenças não são percebidas, de que seus gestos e atitudes não são considerados, de que seus toques não são sentidos, de que suas vozes não são audíveis pelos seres humanos com os quais, exaustivamente, procuram se identificar.

Entorpecidos, não se dão conta da real condição em que se encontram, permanecendo a vagar pelo espaço, vivendo em zonas umbralinas onde enxameiam o sofrimento e a dor, condizentes com o degrau espiritual e moral que ainda ocupam.

Por vezes se encontram, de tal forma imantados ao mundo da matéria, que julgam ainda estar vivos, perdendo, assim, precioso tempo, retardando o divino encontro com Jesus.

Outros Espíritos, porém, mais libertos dos liames pegajosos do mundo físico, efêmero e falaz, são acolhidos e levados por equipes de socorro, para colônias de refazimento, ali permanecendo por tempo indeterminado, uns mais, outros menos, de acordo com as conquistas inalienáveis que, em verdade, foram efetuando no campo da moral e do amor, instruídos e orientados por Espíritos amoráveis que, incansável e caridosamente, militam nessas faixas vibratórias, movidos pelo desejo altruísta e missionário que os caracteriza e que os enobrece.

Alguns poucos, cujo grau de aprimoramento moral e amoroso atingiram elevados patamares, ao desencarnarem usufruem lucidez tal que, praticamente, pouca diferença sentem ao deixar o veículo carnal, desfrutando, quase que de imediato, as benesses da pátria espiritual.

O Espírito Domingos continuava a se fazer as mesmas inquirições e, de pronto, as respondia para si próprio, sem refletir em profundidade sobre o que escutava e via diante dos seus olhos espirituais, deixando-se convencer de que estava vivo e de que tudo não passava de um aflitivo sonho.

Mal à vontade, inquieto, sentindo que a dúvida o enlaçava, incitando-o a meditar sobre o que acabara de ouvir, levantara-se da poltrona onde se acomodava, deixando o local de forma nervosa e repentina.

Percebendo que o Espírito do antigo senhor das terras deixara o local, Duríbio amainara o diálogo, porém, como Júlia demonstrava profundo interesse na conversação, captando cada frase, cada palavra, cada ensinamento, pelas fibras íntimas do seu ser delicado e amoroso, o preto velho continuara discorrendo sobre os tesouros incalculáveis do mundo espiritual, não se apercebendo, ambos, os minutos arrastarem-se em horas, deixando como rastros, momentos indizíveis de harmonia e de paz.

Em seguida, as despedidas se fizeram presentes e o preto velho, feliz, retornara à senzala.

Pedro que houvera saído em companhia de Jerônimo para apreciar a propriedade, sentira-se, verdadeiramente, impactado pelo que vira, pois, como um todo, apresentava-se com outros ares, mais colorida, mais vibrante, exaltando o trabalho, o progresso, a alegria, a própria vida.

Radiante, Pedro retornara a casa grande para desfrutar o almoço que Joana, plena de satisfação e esmero, como nos idos tempos, preparara.

Ao sentarem-se ao redor da mesa da sala de almoço, Júlia e Pedro após o relato das novidades que houveram vivenciado, foram visitados pelas lembranças do passado, que envolveram os seus corações, saudosos daqueles que lhes foram caros e que haviam adornado as suas vidas com as alegrias do doce e inolvidável convívio.

O resto do dia e a noite transcorreram dentro da normalidade, sem nenhuma ocorrência que merecesse destaque.

32

A noite seguinte viera, acobertando a propriedade da reduzida família Castro com o seu manto azulado, salpicado de estrelas faiscantes, em belíssimo conluio com o luar prateado que, generosamente, a enfeitava quando Duríbio, dirigira-se à residência de Jerônimo e Joana, para realizar com o casal, costumeiro encontro, quando a espiritualidade se tornava o tema fundamental que adornava aquelas almas cativas da fraternidade e do amor.

Nestas ocasiões, Duríbio abordava assuntos diversos, pautados pela doçura e sabedoria, próprias das almas elevadas, fazendo todos enveredar pelos caminhos perfumosos da paciência, da compreensão e da consciente resignação, como sempre, enaltecendo a jóia da caridade e os tesouros do amor incondicional aos semelhantes, assim como, a dúlcida e amorável presença do Cristo Jesus em suas vidas.

Após simples, porém saboroso repasto, quando todos, inclusive os pequenos, ainda se encontravam assentados à mesa da modesta cozinha, ouviram leves toques na porta. Bento, rapidamente, fora abri-la e qual não foi a agradável surpresa, quando viram, diante da porta, a presença amistosa de Júlia e de Pedro que, atendendo despretensioso convite do próprio casal, vieram desfrutar inesquecíveis momentos de espiritualidade que, habitualmente, nas noites de quartas-feiras, ali ocorriam.

Após as cordiais saudações e as crianças terem sido encaminhadas aos seus leitos, todos sentaram-se ao redor da mesa para dar início à fraternal reunião.

Duríbio, como sempre, com a voz exalando o aroma perfumado da humildade, passara a proferir emocionada e singela prece, fazendo aflorar, da intimidade do seu ser, os mais puros sentimentos, impregnando o ambiente de uma paz contagiante, predispondo os presentes a usufruir aquele banquete espiritual que estava, tão-somente, começando.

Logo após a comovente oração, Duríbio estendera sua mão em direção a Pedro, entregando-lhe pequena folha de papel amarelecido pelo tempo, pedindo-lhe, educadamente, que o lesse para que todos pudessem deleitar-se com o seu nobre conteúdo.

Pedro assim o fizera. O pequeno trecho lido discorria sobre a prática da fraternidade, evidenciando suas benesses, tanto para quem a recebe quanto para quem a oferta, estimulando os presentes a exercitá-la sempre que o momento se tornasse oportuno, mantendo-a presente em suas vidas, enfeitando suas almas.

Inicialmente, o bondoso velhinho teceu breves e sábios comentários a respeito do texto que acabara de ser lido, o mesmo fazendo os demais integrantes da prazerosa reunião, delatando os bons sentimentos que envolviam aqueles generosos corações.

Enquanto eram feitas as apreciações sobre o tema, Duríbio percebera adentrar o recinto, Dimas, o seu mentor espiritual, como sempre, envolto por uma tênue luz branca-azulada que o caracterizava.

Agradavelmente surpreso, notara que desta feita, Dimas se fazia acompanhar pelo Espírito Domingos que mostrava-se cabisbaixo, nitidamente triste e combalido.

Em seqüência, o mentor, calma e ternamente, se aproximara do preto velho inspirando-o a preparar-se para, através da sua psicofonia, possibilitar que o Espírito Domingos viesse a manifestar-se abrindo aos presentes o véu do mundo espiritual para o qual as almas dos humanos que ainda na Terra militam, para lá sem exceção, um dia retornarão, tão-logo ocorra a morte do veículo físico que as servira em mais uma promissora experiência reencarnatória.

Jerônimo e Joana habituados com os aconselhamentos que Dimas, através da mediunidade de Duríbio, comumente proferia nas noites daquelas inolvidáveis tertúlias, notando que o preto velho estava prestes a servir de medianeiro para mais uma mensagem espiritual, colocaram respectivamente suas mãos sobre as de Pedro e de Júlia como se estivessem a dizer-lhes:

— Aguardem. Mantenham a calma. Nada receiem!

Instantes após, o Espírito Domingos, conduzido e orientado por Dimas, aproximara-se de Duríbio e, em princípio, com audível dificuldade, começara a manifestar-se através das cordas vocais do generoso escravo, que, fraternalmente, colocara seu campo mediúnico à sua disposição.

A entonação da voz, bem como a forma de se expressar, exteriorizadas através dos lábios do preto velho, diferenciavam, em muito, das características do escravo, causando forte impacto na intimidade de Júlia e de Pedro, que não tiveram dúvidas de que se tratava do próprio Espírito Domingos a manifestar-se, utilizando-se de um outro veículo físico, expondo o mesmo pensar e o mesmo sentir de quando ainda se encontrava revestido do corpo carnal. Gradativamente fora passando a exprimir-se com a mesma desenvoltura e arrogância de outrora, como se, fisicamente, vivo estivesse.

Em determinado momento, Dimas, colocando sua destra, amorosamente, sobre a cabeça de Duríbio, fizera com que o Espírito Domingos silenciasse, afastando-o ligeiramente do médium, fazendo com que se apercebesse de que estava expondo com palavras o seu pensamento, servindo-se do aparelho fonador do generoso escravo, que fora outrora, por ele mesmo, muitas vezes humilhado e esquecido.

Atônito, o Espírito do ex-senhor das terras, fora visitado pela verdade incontestável de que houvera desencarnado e de que, há tempos, sem se dar conta, integrava o mundo dos Espíritos.

Lágrimas incontidas acariciaram as faces negras de Duríbio, exteriorizando as inenarráveis emoções que experimentava o Espírito Domingos naqueles inesquecíveis e redentores momentos.

Júlia e Pedro, vivamente comovidos, envolvidos por esta incontestável verdade, não conseguiram estancar as lágrimas que vertiam abundantes, banhando seus rostos, materializando o torvelinho de emoções que viera fazer-lhes companhia, possibilitando-lhes desvencilhar-se da saudade dorida que, há tanto tempo, se encontrava enclausurada em suas almas.

O Espírito Domingos, por sua vez, sentindo-se ouvido e compreendido nos seus pesares, sentimentos e emoções, finalmente, dirimira suas dúvidas, predispondo-se a seguir, a partir de então, por outras veredas, esperançoso por um novo porvir.

Instantes após, entorpecido pelas inimagináveis emoções que houvera vivenciado, o Espírito Domingos amparado por Dimas, fora retirado do local, deixando um rastro de vívida comoção nos corações de todos, mormente nos de Júlia e de Pedro.

Os ânimos se asserenaram e uma paz indescritível preencheu os espaços da modesta habitação.

Enquanto Jerônimo fazia a prece que daria por findada a profícua reunião, Dimas, adentrara novamente o local, postando-se entre Júlia e Pedro.

Em seguida, pelas vias do pensamento, ternamente, os inspirara a dedicar aos pequenos Bento e Maria, todo o carinho e a atenção de que seriam capazes, procurando presenteá-los com as jóias inestimáveis da moral e dos bons sentimentos, empenhando-se, sem tréguas, no sentido de incentivá-los a seguir pelas estradas multicoloridas e perfumosas da incondicional fraternidade que, inexoravelmente, a todos conduzirá em direção ao aconchegante regaço do Divino Peregrino da paz e do amor.

Ao mesmo tempo, um facho de luz prateada, singrando o espaço unira os corações de Júlia e de Pedro, aos dos pequeninos Bento e Maria, selando, naquele momento, um pacto de amor entre aquelas almas.

Mãe e filho captaram no íntimo dos seus seres aquelas dúlcidas inspirações, percebendo seus corações pulsar mais acelerados, como se deles emergissem os mais puros e nobres sentimentos por aquelas criaturinhas, sem que soubessem, que, na verdade, Bento e Maria, nada mais eram do que os Espíritos Paulo e Alice que retornavam ao palco do mundo, vestindo outros trajes carnais, para vivenciarem nova encarnação, possibilitando-lhes mais uma bendita oportunidade para se aprimorarem na prática do amor e do servir.

Terminada a oração, abraços emocionados emolduraram aqueles inolvidáveis instantes, quando o amor, em suas várias nuanças, fora o personagem principal.

Após as despedidas, Júlia e Pedro, ainda anestesiados pelos momentos da mais intensa emotividade que houveram vivido, de braços dados, com as faces ligeiramente empalidecidas, trazendo suas almas reconfortadas, usufruindo uma felicidade que, há tempos, deles se houvera apartado, retornaram à casa grande. Inquestionavelmente gravaram no imo dos seus seres a certeza de que um novo mundo, o espiritual, diante deles, houvera se descortinado, presenteando-os com novas esperanças, ensejando-lhes vislumbrar outras veredas, através das quais passariam a transitar nos seus próximos amanhãs.

Ao adentrarem o solar, guardando no cerne das suas almas, uma paz reconfortante, despediram-se em silêncio, dirigindo-se aos seus aposentos, como se não quisessem deixar esvair-se aqueles instantes de verdadeiro encantamento que o Pai, de infinita bondade, os houvera presenteado.

33

Na manhã do dia seguinte, na casa grande, quando Joana, como sempre, alegremente cantarolando preparava o café e os quitutes para o desjejum dos integrantes da família Castro, Júlia, irradiando vivaz felicidade, adentrara a cozinha, e dela se aproximara.

Após educadamente cumprimentá-la, abraçara-lhe comovida e silenciosamente, em agradecimento pela noite maravilhosa que lhe houvera proporcionado, bem como, sinalizando a sincera afeição que sentia por ela e pelos seus amados.

Através das vias da alma, Joana captara o nobre significado daquele gesto carinhoso, portador da mais pura fraternidade.

Pedro, que ali também se fizera presente, vendo a cena enternecedora que se desenrolava diante dos seus olhos, penetrando, docemente, em seu coração amoroso, encaminhara-se em direção a ambas, abraçando-as também, deixando extravasar as emoções que emergiam, incontroláveis, do recôndito do seu ser.

Minutos após, Júlia e Pedro encontravam-se na sala e enquanto saboreavam o delicioso desjejum, Pedro, serenamente, iniciara o diálogo, dizendo:

— Mãezinha. Na madrugada de hoje, demorei-me a conciliar o sono. O que ocorrera na residência do casal Jerônimo e Joana ensejou-me profundas e alentadoras reflexões.

— Ficara-me a certeza de que a vida após a morte é uma feliz e cristalina realidade.

— Quando Duríbio começara a falar, eu me encontrava de olhos fechados, enlaçados por um torpor agradável, que nunca houvera experimentado.

— Ao ouvir aquela voz, percebi-me anestesiado, pasmo, pois sentira nas fibras mais ocultas do meu ser, a presença do meu falecido pai entre nós.

— Aquele timbre, aquela entonação de voz, aquela maneira característica de se expressar não me deixaram dúvidas de que era ele, meu pai, a manifestar-se, expondo-nos suas dores, seus sentimentos, suas emoções.

— Assim sendo, mãezinha, sinto-me em verdade, estimulado a intentar aprofundar-me nos conhecimentos deste mundo espiritual que, sem dúvida, nos rodeia e que me parecera tão vibrante e real fazendo-me crer, que irá me indicar os caminhos pelos quais, doravante, passarei a tramitar possibilitando-me, um dia, conquistar a verdadeira felicidade.

Emocionada, Júlia, docemente, aparteou:

— Filho querido. Os seus pensamentos são os meus pensamentos. Aqueles sublimes momentos de espiritualidade que tivemos a ventura de vivenciar, deixaram também em minh'alma, a inabalável convicção de que a morte, verdadeiramente, não existe.

— Nosso corpo que, generosamente, nos vem servindo de veículo para tantas marcantes experiências, um dia, cansado, combalido, tendo cumprido sua nobre missão, deixará de ter vida, dando liberdade ao nosso Espírito para que possa alçar vôo, singrando os espaços, desprendendo-se dos liames que o mantinham cativo desta Terra que lhe servira de morada.

— Sinto-me imensamente feliz por compactuar com os seus pensamentos e me proponho a fazer-lhe constante companhia pelos caminhos espirituais que você, meu querido, evidenciou estar verdadeiramente disposto a trilhar.

Continuando, Júlia dissera que, ao final daquela inesquecível reunião, fora abraçada por inusitado e indescritível sentimento amoroso em relação aos pequeninos Bento e Maria, como se já os conhecesse de outras vidas, percebendo aflorar, incontrolável, súbita e doce afeição por aquelas criaturinhas, propondo-se, mentalmente, a auxiliá-las no transcorrer das suas existências, responsabilizando-se pela sua educação e aculturamento. Ao mesmo tempo, fora visitada por um sentimento de inegável gratidão para com Jerônimo e Joana, que, a despeito de todos os infortúnios por que tiveram de passar, houveram demonstrado, ao longo dos anos, a nobreza das suas almas, esforçando-se por esquecer o amargoso passado, evidenciando incondicional respeito e reconhecimento aos restantes membros da família Castro.

Pedro, carinhosamente, pegara as mãos de Júlia e as colocara entre as suas, enquanto depositava em sua face delicada, um beijo cheio de ternura, avalizando tudo o que ela havia acabado de dizer, firmando, no silêncio das suas almas, um pacto de responsabilidade e amor para com os pequenos Bento e Maria e seus pais, a quem tanto estimavam.

À tarde, Jerônimo e Pedro foram percorrer as dependências da extensa propriedade, quando o responsável escravo, entusiasmado, exalando felicidade, fora relatando as novidades e as providências que houvera tomado para o progresso do engenho, no transcorrer dos anos.

Passados três quartos de hora, pararam embaixo de frondosa árvore para desfrutar a sua generosa sombra e fazerem descansar os animais.

Apeando-se das suas montarias, sentaram-se sobre a relva fresca, usufruindo o aroma suave que das suas hastes, naturalmente, emergia.

Duríbio, que se encontrava bem próximo do local, apoiado num cajado que o auxiliava a caminhar, viera-lhes ao encontro.

Ao perceber o bondoso escravo vindo na direção de ambos, Pedro, em sinal de respeito e consideração, levantara-se para cumprimentá-lo.

O preto velho, um tanto quanto encabulado pela deferência que em toda a sua vida nunca houvera recebido, pedira-lhes permissão para desfrutar-lhes a companhia, a qual, alegre e amistosamente lhe fora, de imediato, concedida.

O bom velhinho que, com naturalidade, começara a participar da descontraída conversação, em oportuno momento, passara a discorrer sobre a natureza, sobre a vida, seus ditames, suas alegrias, suas tristezas, seus desafios, introduzindo, sutilmente, em suas modestas, porém sábias ponderações, o perfume da espiritualidade, preenchendo de encantamento aquele simples encontro entre aquelas criaturas.

Pedro, atento, captando pelas vias da alma os nobres pensamentos que o preto velho transformava em doces palavras, banhadas pelo mel do seu coração, fora, pouco a pouco, sendo abraçado por suave entorpecimento, o mesmo acontecendo com Jerônimo, fazendo com que, ambos, passassem a usufruir momentos de indefinível paz, agradecidos que estavam ao Pai da vida por lhes proporcionar aqueles tesouros espirituais, de valor imensurável, que provinham dos lábios daquele humilde escravo, que lhes ofertava incondicional e despretensiosa companhia.

Enquanto o agradável colóquio seguia o seu rumo, entrelaçando aqueles corações, Duríbio constatara a presença de Dimas, seu mentor, postando-se entre Pedro e Jerônimo, fazendo-se acompanhar pelo Espírito Domingos que ainda se encontrava combalido, em decorrência da contundente verdade que, na noite anterior, o envolvera, fazendo-o conscientizar-se da sua insofismável condição de desencarnado.

O Espírito Domingos, ao inteirar-se de que se encontrava na presença de Pedro, seu filho, e de Jerônimo, o escravo que injusta e desumanamente fizera mutilar num arroubo de incompreensão e ódio, não resistindo as fortes emoções que o vieram visitar, abraçara incontinenti, o seu filho querido, desvencilhando-se da saudade que, há tanto tempo, cruelmente, o apunhalava.

Em seguida, incentivado por Dimas, ajoelhara-se diante de Jerônimo, beijando humildemente o braço de onde lhe houvera sido extirpada a mão, pedindo-lhe perdão pelo ato asselvajado, da mais insensível crueldade, do qual houvera sido frio e inconseqüente mandante.

Naqueles momentos, Pedro e Jerônimo foram acossados por inúmeras lembranças dos tempos passados, vindo-lhes à mente, a figura de Domingos, fazendo Pedro sentir-se confortado em suas saudades e Jerônimo, por sua vez, ter a certeza de que, definitivamente, houvera perdoado aquele que fora seu algoz, impingindo-lhe, outrora, inenarráveis aflições e sofrimentos.

Alegres vozes infantis se fizeram presentes, preenchendo os ares com sua inocência, interrompendo aqueles momentos de inefáveis reflexões.

Bento e Maria, acompanhados por Joana, vieram juntar-se ao grupo.

Pedro e Jerônimo, instintivamente abraçaram os pequeninos, fazendo transbordar dos seus corações a ternura e o amor que neles se encontravam, constantemente, represados.

Em seqüência, estimulado por Dimas, o Espírito Domingos os abraçara também, incontestavelmente saudoso e, ao mesmo tempo, arrependido pelo mal que houvera causado a Jerônimo que, daquelas criaturinhas, tornara-se amoroso pai.

Naqueles instantes, Dimas, radiante, envolvera a todos por luzes cambiantes, de matizes diversos, incitando-lhes a sensibilidade, e os nobres sentimentos, diluindo, os vestígios de tristeza e ressentimentos que, porventura, ainda tentassem ali permanecer. Assim, fizera emergir as alegrias da amizade, do respeito e do perdão que enfeitam a vida, adornando este planeta de provas e expiações, do qual, somos, tão-somente, passageiros em trânsito, em busca do aprimoramento e da evolução, rumo a novas e felizes paragens.

Minutos depois, a aprazível reunião se desfizera, e cada qual, feliz, voltou aos seus afazeres, dando seguimento às suas vidas.

34

Os dias foram passando e no início de uma tarde de domingo, quando os raios do astro-rei já haviam amainado de intensidade, Júlia e Pedro puseram-se a caminho da residência do dr. Cláudio e Carolina, com o nobre propósito de agradecer, mais formalmente, o dedicado doutor, por tudo o que houvera feito em prol do engenho e de toda a propriedade da família, enquanto permaneciam em terras distantes, vivenciando novas e proveitosas experiências.

Quando lá chegaram, foram recebidos com evidente satisfação pelos anfitriões, denotando a mútua estima que lhes dedicavam.

Meia hora depois, o chá reconfortante e os biscoitos deliciosos, foram servidos por Carolina, enquanto a conversação sadia, transcorria num clima de evidente descontração, amizade e alegria.

Na ocasião, entre outros assuntos, Pedro pudera manifestar sua inconteste vocação pela literatura e pela poesia, comentando, entusiasmado, sua convicção de passar uns tempos no Rio de Janeiro, na tentativa de manter contato com alguns mestres da língua portuguesa que, naquela belíssima cidade militavam, visando aprimorar os seus conhecimentos, enriquecendo o seu saber.

Doutor Cláudio, convencido do grande interesse do jovem em aculturar-se ainda mais, propora empenhar-se junto a amigos, para verificar as possibilidades de aproximá-lo de algum grupo de estudiosos para que pudesse vir a alcançar os seus objetivos.

A seguir, o doutor informara sua pretensão em passar, juntamente com a esposa, uns tempos na Europa especializando-se no campo médico para, posteriormente, retornar ao Brasil trazendo mais conhecimentos em sua bagagem profissional, permitindo-lhe exercer a medicina com maior sucesso, minimizando as dores e as aflições dos seres humanos que, enfermos, no futuro o vierem procurar.

Júlia e Pedro, felicitaram o casal, incentivando-o a colocar em prática o que almejava, tornando realidade as elevadas intenções que, o competente profissional, acalentava em seu coração.

Dando continuidade ao descontraído diálogo, Júlia, por sua vez, colocara para apreciação de todos, uma idéia que, há algum tempo, pairava em sua mente.

Dissera que, ao sair do Brasil, não lhe passara desapercebido que viviam em sua propriedade, inúmeros filhos de escravos, ainda crianças, e ao retornar da Europa, verificara que muitos haviam se tornado jovenzinhos, porém, sem terem tido a oportunidade de estudar, de pelo menos se alfabetizar, fazendo com que se apiedasse daquelas humildes criaturas, sentindo-se responsável por tal ocorrência.

Assim, Júlia passara a expor sua intenção de, nas dependências da fazenda e às próprias expensas da família Castro, oferecer aos escravos condições para que pudessem vir a aprender a ler, a escrever e a adquirir outros conhecimentos básicos, descortinando-lhes um melhor porvir.

Durante a explanação de Júlia, todos foram se apercebendo da pureza dos seus propósitos e antes que terminasse de expor os seus pensamentos, os olhares e os sorrisos dos presentes delatavam o apoio incondicional que lhe ofertavam, tal a generosidade das suas intenções.

A partir daquele momento, as idéias que haviam sido expostas passaram a ter vida, fazendo com que os integrantes da prazerosa reunião, vislumbrassem os alicerces que haveriam de sustentar a instituição, sem o saberem que, há tempos, este intento, vinha sendo engendrado no plano espiritual e tudo em nome do amor.

Os ponteiros do relógio rodopiavam sem cessar e quando apontavam as vinte e uma horas, as amistosas despedidas se fizeram presentes.

Acomodados no veículo que os conduziria de retorno ao lar, Pedro, durante o trajeto, mostrava-se radiante com a idéia que Júlia, há pouco, houvera externado e que, de imediato, esposara.

Denunciava sua incontida satisfação, pela maneira entusiasmada com que passara a discorrer sobre o assunto.

Durante o diálogo que fora sendo mantido, o jovem conscientizara sua genitora de que, antes de qualquer outra providência, deveriam estudar o local apropriado onde haveria de ser implantado o estabelecimento de ensino para que viesse, não só abrigar os futuros alunos, como também, proporcionar-lhes acomodações e meios adequados para que pudessem, com sucesso, assimilar os ensinamentos que lhes seriam ministrados.

Os planos, até mesmo alguns detalhes da construção, fluíam incontroláveis, fazendo os Castros se deliciarem com as imagens que seus pensamentos arquitetavam, idealizando o promissor empreendimento.

Ao chegarem à residência, deram-se carinhoso boa-noite, dirigindo-se, cada qual, para a intimidade dos seus aposentos, levando em seus corações as inefáveis alegrias que prenunciavam a futura concretização do sonho que passaram a acalentar.

Tão logo as primeiras claridades do sol acariciaram as terras da operante propriedade, mãe e filho, jubilosos, apressaram-se em comunicar para Jerônimo e Joana o projeto que haviam delineado.

Acomodados na varanda da elegante habitação, Júlia e Pedro, entusiasmados, revezando-se nas explicações, passaram a relatar ao casal de escravos seus futuros planos, preenchendo os espaços da mansão, com a essência perfumada da despretensiosa caridade, ante-sala da tão decantada felicidade.

Ao findar a explanação, era notória a alegria que se apossara de Jerônimo e Joana, antevendo, por conseguinte, um melhor futuro para os seus filhos.

Em seguida, Júlia pedira a Jerônimo que fosse ao encontro de Duríbio e o convidasse para vir fazer-lhes companhia, pois gostaria de colocá-lo a par dos últimos acontecimentos.

Jerônimo, como sempre, prestativo, prontamente fora atender o pedido de Júlia e quando estava no meio do caminho, entre a casa grande e a senzala, notara Duríbio, a passos lentos, apoiado em seu cajado, vindo em sua direção.

Carinhosamente Jerônimo lhe perguntara:

— Para onde vais, amigo?

O humilde preto velho lhe respondera:

— Vou atender o pedido da sinhazinha.

Surpreso, Jerônimo lhe indagara:

— Como sabes que a sinhazinha te mandou chamar?

Duríbio, olhando bem fundo nos olhos do jovem escravo, lhe dissera:

— Foi Dimas que me comunicou e eu o obedeci.

Jerônimo silenciara e, sorrindo, abraçara carinhosamente o velhinho e ambos encaminharam-se para a casa grande.

Tão logo adentraram a mansão, Duríbio fora alegremente recepcionado por todos, sendo convidado por Júlia a sentar-se e participar da conversação.

Enquanto Pedro discorria, empolgado, sobre o palpitante assunto, Júlia fora passeando seu terno olhar por sobre a modesta figura do querido Duríbio, agradecida pelos momentos de espiritualidade que, ele, lhe houvera proporcionado, incitando-a as mais profundas e alentadoras reflexões, fazendo-a visualizar outras veredas que a conduziriam a um novo mundo, real, verdadeiro, até então para ela desconhecido, o mundo dos Espíritos!

Observara o indisfarçável cansaço que o seu corpo e a sua fisionomia demonstravam.

Seus olhos, semicerrados, denunciavam o esforço que empreendia para enxergar. Era como se estivessem despedindo-se, pouco a pouco, do mundo da matéria para, enfim, poder desfrutar as deslumbrantes paisagens do céu.

Suas mãos encarquilhadas, por vezes colocadas ao lado dos ouvidos, o auxiliavam a reter os sons das palavras que lhe eram endereçadas.

Seus cabelos brancos como a neve, contrastando com a pele negra e enrugada das suas faces, emolduravam a sua figura, ao mesmo tempo em que refletiam os muitos anos vividos de sofrimentos e de inumeráveis e conscientes renúncias.

Sua voz clara e vivaz quando, naquela noite memorável, materializara em sons, o pensamento do Espírito Domingos, agora quase sussurrante, não deixava dúvidas de que suas energias, suavemente, se extinguiam, como se estivesse despedindo-se da Terra que, durante tanto tempo, servira de palco para suas redentoras experiências e, também, daqueles seres humanos que lhe premiaram com a honra das suas companhias.

Após ter sido informado sobre o projeto, os lábios de Duríbio, ternamente, se entreabriram, desenhando um sorriso pleno da mais sincera alegria, que materializava a felicidade que sua alma, naqueles inolvidáveis momentos, fazia emergir da mais profunda intimidade, antevendo um melhor futuro para os seus queridos irmãos de cor e de desventuras.

A conversação prolongara-se, prazerosa, por longos momentos, quando então despediram-se, rumando, cada qual, para os seus afazeres.

Apesar dos momentos felizes que, juntos, haviam desfrutado na companhia do bondoso velhinho, Júlia, Pedro e o casal de escravos, à noite, ao deitarem-se, foram visitados por uma melancolia inexplicável, como se algo entristecedor os estivesse a espreitar, retardando-lhes o sono.

35

Na manhã seguinte, logo ao raiar do sol, movimentação incomum se fizera na senzala, chamando a atenção de Júlia e Pedro que já se encontravam despertos, incitando-os para lá se dirigirem, pressurosos.

Quando estavam prestes a adentrar a modesta habitação dos escravos, ouviram, provindos do seu interior, choros comoventes que, não lhes deixara dúvidas, quanto ao forte impacto dos acontecimentos que ali se desenrolavam.

Ao entrarem na senzala, imediatamente, Jerônimo e Joana deles se aproximaram, conduzindo-os até onde se encontrava o catre humilde que albergava o corpo enfraquecido, quase inerte, de Durïbio.

Tão logo dele se acercaram, profundamente contristados, anestesiados por inquestionável e dorido sentimento de perda, os olhos do preto velho, com extrema dificuldade, entreabriram-se, passeando, vagarosamente, o seu terno olhar em cada uma daquelas criaturas que, verdadeiramente entristecidas, plenas da mais sincera afeição, amorosamente o rodeavam.

Sem forças para exprimir-se, fora suficiente a expressão de incontestável paz que seus olhos e suas feições irradiavam, para que todos aqueles que ali se encontravam, sentissem na intimidade das suas almas, as silenciosas despedidas daquele ser humano que lhes houvera, incondicionalmente, premiado com a excelsa beleza do amor, que enfeitara os seus dias enquanto na Terra permanecera.

Reunindo todas as suas parcas energias, dirigindo seu olhar para Júlia, Pedro e o bondoso casal de escravos, estendera-lhes as mãos calejadas, com extremada dificuldade, em humilde e mudo agradecimento pelo carinho, respeito e amizade com que houveram presenteado sua modesta e despretensiosa pessoa.

Os pequenos, Bento e Maria, que para o local também haviam acorrido, instintivamente, estenderam suas mãozinhas, juntando-se as demais, fazendo com que todos, intimamente, se apercebessem do sublime e mútuo compromisso que, naquele momento, estavam assumindo, exaltando a beleza inquestionável das pérolas da fraternidade e do tesouro incomparável do amor.

As lágrimas banharam as faces daquelas criaturas, exteriorizando as emoções que invadiram os seus corações, já saudosos da dúlcida e sábia presença do bom velhinho.

Do lado de lá, Dimas, fazendo-se acompanhar por uma plêiade de Espíritos amigos, denotando muita paz e suave felicidade, aguardava o breve regresso à pátria espiritual, daquele que, durante toda a vida, fora, incansável emissário do amor, espargindo a essência perfumosa do Cristo Jesus a todos aqueles que dele se aproximaram, fazendo da sua existência um verdadeiro apostolado, adornando aquele pequeno rincão, com os sábios e amoráveis ensinamentos do inesquecível Mártir da Cruz.

Fechando as pálpebras, Duríbio, com os olhos da alma, vira a presença de Dimas e dos demais companheiros espirituais, entre eles, seus queridos pais, Sebastião e Josefa que, sorrindo, irradiando incontida felicidade, o aguardavam para oferecer-lhe seu doce regaço, matando a saudade que, há tanto tempo, neles se encontrava enclausurada, à espera da alforria.

Naquele instante, um leve sorriso aflorara dos lábios de Duríbio, deixando em todos a certeza da paz que usufruía o bondoso velhinho.

Momentos antes da sua partida para o mundo dos Espíritos, Duríbio, auxiliado pelo seu mentor, recobrara momentaneamente as energias e, profundamente inspirado por Dimas, sua palavra se fizera ouvir, premiando a todos com os seus derradeiros ensinamentos, assim dizendo:

— Pai da vida. Eternamente agradecido, entrego a Ti, o meu corpo cansado com que me presenteaste nesta existência.

— Obrigado pelos olhos, que me possibilitaram enxergar as belezas do mundo; pelos ouvidos, que me conduziram ao encontro da paciência; pela voz, que me possibilitou acalentar tantos corações em Teu nome; pelos braços e pelas mãos, que me proporcionaram a honra do trabalho honesto; pelas pernas, que me conduziram pelo mundo, levando aos meus irmãos de jornada, minha modesta ajuda; pelo coração, sempre cheio de amor; pelo abrigo, pelo pão, pelo leito, pelo agasalho, e por todos estes amigos queridos que enfeitaram a minha vida com suas presenças.

— Finalmente, quero Te agradecer, pela pele negra que cobriu o meu corpo, fazendo com que a humildade penetrasse, definitivamente, em minha alma.

— Leve-me agora, Pai, para que eu possa, enfim, desfrutar a Tua paz e o Teu imensurável amor!

Com um leve sorriso, contornando os seus lábios, Duríbio se despedira do mundo da carne, adentrando, feliz, com o passaporte do amor, a pátria dos Espíritos.

36

Três meses se passaram desde aqueles momentos de tão raras e inconcebíveis emoções.

Ao mesmo tempo em que os alicerces do estabelecimento de ensino estavam sendo fincados no chão da Terra, era notória a azáfama que, de todos, se apropriara.

O canto dos escravos preenchia os espaços, exaltando a alegria contagiante que os abraçava, estimulando-os a se empenharem, mais e mais, para, rapidamente, terminarem a obra com a qual, felizes e plenos das mais otimistas esperanças, haviam se comprometido.

O dr. Cláudio e sua esposa já haviam partido para a Europa e Pedro estava prestes a seguir viagem para o Rio de Janeiro, onde pretendia permanecer por cerca de dois anos, aprofundando os seus estudos literários.

Júlia, por sua vez, vendo sua idéia transformar-se em palpável realidade, não cabia em si de contentamento, sonhando com o dia da inauguração da escola que, célere, se aproximava.

Enfim a construção terminara e o dia tão esperado fora marcado.

Seria num domingo e, para tanto, todas as providências estavam sendo tomadas, para gáudio de todos os que militavam na extensa propriedade da família Castro.

Quando jubilosos, Júlia, Pedro, Jerônimo e Joana se encontravam diante das portas da recente construção, o escravo nervosamente segurando a mão da companheira, um tanto quanto encabulado, dissera:

— Se a sinhazinha permitir gostaria de contar um sonho que eu tive na noite passada.

Educadamente Júlia lhe respondera:

— Conte-nos. Somos todos ouvidos.

Jerônimo passara, então, a narrar, resumidamente, o sonho que tivera. Contara que houvera visto o querido Duríbio mais moço e saudável, exalando o perfume da alegria recepcionando crianças que adentravam a escola, cumprimentando-as carinhosamente, ao mesmo tempo em que as presenteava com a ternura do seu sorriso, externando a felicidade que visitava o seu coração.

Ao final da narrativa, todos, emocionados não conseguiram conter as lágrimas de saudade, que vieram fazer-lhes companhia, banhando-lhes as faces.

Recompostos das vivas emoções que experimentaram, Jerônimo, humildemente, dissera que durante o sonho tivera uma intuição no sentido de dar um nome àquela instituição e lhe ocorrera, homenagear o bondoso preto velho que para o além houvera partido, colocando o seu nome, Duríbio na fachada principal, acima da porta de entrada.

O cerne da idéia fora imediatamente acatado e, após algumas sugestões que de todos afloraram, finalmente, optaram pelos dizeres:

Lar das Crianças "Duríbio"

Inesquecível Amigo.

Dimas e Duríbio, em Espírito, também ali se encontravam, deixando-se contagiar pela emotividade que a todos enlaçara.

Dimas, dirigindo seu olhar, cheio de ternura, para o ex-escravo, lhe dissera, carinhosamente, através das vias do pensamento:

— Querido irmão. Quando na Terra estiveste, forraste o chão dos teus caminhos com as flores aveludadas da caridade, distribuindo suas pétalas perfumosas a todas as criaturas que te premiaram com a honra do convívio. Colhes agora, com justiça, os frutos dulçorosos que, neste planeta de provas e expiações, incansavelmente, semeaste.

E assim, nas prósperas terras da família Castro, como em todo o mundo, a vida, de lá e de cá, com seus inumeráveis desafios, mesclada por bons e difíceis momentos, continuou sua incessante marcha, impelindo encarnados e desencarnados a evoluir, a fim de que, mais cedo ou mais tarde, possam sentir-se, definitivamente, amplexados por Jesus, o Sublime Emissário da Paz e do Amor.

Quanto a isto, caro leitor, não há mais dúvidas, é, tão-somente, uma simples questão de tempo!

ITÁLIA
Século XIX

37

Em sítio populoso, não muito distante da zona central de bulhenta e próspera cidade do sul da Itália, o Magnus Circus estava sendo montado para recepcionar os afíccionados daquele tipo de espetáculo, objetivando oferecer-lhes entretenimento e prazer.

A azáfama era incontestável. Por todos os lados viam-se pessoas atarefadas, procurando cumprir com suas responsabilidades, visando à grande estréia, para breve programada.

Enquanto umas procuravam fixar os grandes mastros, as redes e os trapézios, algumas delineavam o picadeiro, montavam os camarins, outras preparavam-se para estender a grande lona de cobertura o que daria os contornos definitivos àquela casa de espetáculos.

Artistas diversos treinavam seus números, preparando-se para o grande momento, esmerando-se para que suas performances pudessem levar aos freqüentadores o sadio entretenimento, alegrando aquelas almas que, em sua maioria, encontravam-se acossadas pelas dificuldades e desesperanças.

Ginastas alçavam seus corpos atléticos, corajosamente, aos ares, realizando perigosas acrobacias, trazendo apreensão àqueles que, curiosos, os observavam.

Mágicos causavam estupefação enquanto equilibristas decididos, caminhando sobre cordas suspensas, aprimoravam suas habilidades, exibindo destreza.

Bailarinas especializavam-se nas piruetas e graciosas gesticulações, externando a sua arte, ao mesmo tempo em que malabaristas diversos aprimoravam seus reflexos e aptidões.

Saltimbancos, com suas roupagens caprichosamente coloridas e cheias de imaginação, externavam a alegria, provocando risos, proporcionando saudável descontração ao ambiente.

Destemido domador, acompanhado por suas feras, devidamente enjauladas, exercitavam-se mutuamente.

Os estalidos do chicote soavam aos ouvidos dos ferinos como se fossem palavras, por eles compreendidas e acatadas, incitando-os a colocarem-se, pacificamente, à mercê do domador e da sua bela e delicada assistente.

Animais dóceis, devidamente adestrados, obedeciam aos seus treinadores, realizando surpreendentes proezas.

Os camarins, que também serviam de morada para os integrantes daquela casa de entretenimento, possuíam os recursos, necessários e apropriados, para que os artistas pudessem caracterizar-se, transformando-se em personagens vibrantes para, nos palcos do Magnus Circus, carrear alegria e deleite aos expectadores que viriam prestigiá-los com a sua presença.

Anexa a um dos camarins, uma tenda rústica, fixada no chão batido, fazia-se notar. Provindos do seu interior, muitas vezes, ouviam-se sons desconexos, inquietantes, confrangendo aqueles que por ali transitavam.

Era uma quinta-feira fria e acinzentada, por volta do meiodia, quando uma jovem artista de feições delicadas, olhos azuis, cabelos loiros, corpo esguio e cheio de vigor, exalando a beleza das vinte e duas primaveras, com passos decididos, se aproximou daquela humilde tenda.

Com a voz cheia de doçura, acompanhada de leve e espontâneo sorriso, que denunciava a alvura dos seus dentes perfeitos, dissera:

— Gino, aqui estou!

Incontinenti, afastara a lona e adentrou o recinto, enfeitando-o com a sua amorável presença.

Uma corda, atada ao robusto mastro central cravado na terra bruta, mantinha presa uma figura grotesca, possibilitando-lhe, porém, movimentar-se por toda a extensão daquele mísero cativeiro.

Suas feições simiescas, seus braços longos e pernas arqueadas, recobertas por extensa e rala penugem, concitava a piedade o mais gélido dos corações.

Quando a jovem ali adentrou, Gino, como se tivesse sido premiado com a visão do paraíso, esboçou espontâneo sorriso, que mais parecia um esgar, expondo seus dentes disformes, delatando a alegria, incontida, que o seu coração experimentava ao vê-la, plena de desvelo para com a sua repulsiva pessoa.

Enquanto seus olhos flamejantes e cheios de ternura fitavam a jovem donzela, presto, estendera-lhe os longos braços em busca do alimento que iria saciar a sua fome.

Silvana, desprovida de qualquer vestígio de aversão, delicadamente dele se aproximou e, ao mesmo tempo em que ofertava-lhe o prato de comida, num gesto de inconteste doçura, afagou a sua fronte, enquanto lágrimas banharam as suas faces rosadas, exteriorizando o imenso carinho e compaixão que, sua alma generosa, nutria por aquela criatura, esquecida pelo mundo, deserdada da felicidade.

Gino acolhera, com uma das mãos, o prato substancioso e, com a outra, num gesto de espontânea e corajosa ternura, a estendeu em direção ao rosto de Silvana, enxugando as lágrimas que houvera vertido, extraídas do imo do seu coração.

A seguir, ansioso, iniciou o seu costumeiro repasto e sem servir-se dos talheres que Silvana, gentilmente, lhe oferecera, Gino, com o olhar vago, como se estivesse hipnotizado, servira-se das próprias mãos para, grotescamente, se alimentar.

Ao término da rápida refeição, após limpar as mãos na própria roupa, as conduziu em direção as faces da jovem, acarinhando-as, enquanto seu olhar, agora vivaz, recaíra sobre os olhos azuis de Silvana, sinceramente agradecido pela atenção e pelo desvelo, despretensiosamente demonstrados, não disfarçando a nítida afeição que sentia pela amorável senhorinha, a qual, extremadamente sensível, captara através das fibras mais íntimas do seu ser.

Silvana, depois de passar sua mão delicada sobre os cabelos emaranhados do jovem infeliz, dele se despedira, alertando-o de que, logo mais, retornaria para oferecer-lhe o lanche da tarde.

Gino, subitamente, pôs-se ereto, e assim, permanecera por segundos, e quando Silvana afastou a lona para deixar a tenda, virando-se para se despedir, notou, perplexa, e surpresamente feliz, que Gino levara sua mão aos lábios, enviando-lhe um beijo cheio de carinho que partiu, destemido, do cerne da sua alma carente e sofrida.

38

Os dias transcorreram rapidamente, aproximando-se o tão esperado momento da estréia do Magnus Circus naquelas plagas da romântica Itália.

Eram por volta das dezesseis horas de um sábado, radioso, acariciado por leve brisa, quando o mestre-de-cerimônias daquela casa de espetáculo, elegantemente trajado, postara-se no centro do picadeiro cumprimentando, respeitosamente, o grande público, comunicando as atrações que haveriam de ser apresentadas.

As palmas irromperam estrepitosamente, evidenciando a ansiosa expectativa que se apossara da platéia ali presente.

Os protagonistas do grande espetáculo foram sendo apresentados, oportunamente, um a um, pelo mestre-de-cerimônias. Logo após cada demonstração, o público irrompia em calorosas palmas, estimulando os personagens seguintes a darem o melhor de si para que o espetáculo continuasse pleno de emoções, para o delírio dos seus freqüentadores.

Hora e meia, plena de entretenimento, houvera transcorrido, quando o apresentador anunciou um intervalo, previsto para um quarto de hora.

Neste ínterim, resistente e espaçosa jaula fora montada, fazendo o grande público antever novas e fortes sensações.

Terminado o interregno, o mestre-de-cerimônias passara, entusiasticamente, a apresentar para a grande platéia, Carlo o corajoso domador de feras e Silvana sua bela e dedicada assistente.

Após o número cheio de suspense e inquietação, domadores e feras retiraram-se sob os aplausos entusiastas dos presentes.

Instantes após, o apresentador, lentamente, encaminhou-se para o picadeiro permanecendo estático por alguns segundos. Em seguida, com forte entonação na voz e, vivamente, emocionado disse:

— Respeitável público. O Magnus Circus, neste exato momento, tem o prazer de brindar seus ilustres freqüentadores, com a presença do único ser vivente neste nosso planeta, portando características incomuns, insólitas, inacreditáveis, que os senhores, por si mesmos, terão o privilégio de ver e comprovar.

Estendendo seus braços em direção ao corredor contíguo à jaula, acompanhado pelo rufar dos tambores, complementou sorrindo:

— Com os senhores, Gino o incrível homem-macaco!

Dito isso, o jovem infeliz fora, rudemente, introduzido na jaula, ao mesmo tempo em que os presentes passaram a externar sua perplexidade, através de suspiro profundo e audível que emitiram, como se fora punhal invisível, inclemente, a penetrar as entranhas da alma sofrida de Gino.

Lágrimas incontidas, banharam seu rosto, denunciando a profunda tristeza que naquele instante, cruelmente, invadiu o mais íntimo do seu ser.

Enquanto alguns corações, mais sensíveis, apiedaram-se daquela pobre criatura, outros, em silêncio, atônitos, tão-somente, a observavam, enquanto os demais, isentos de compaixão, riam-se a valer, desconhecendo que ali residia uma alma carente e necessitada, expiando os erros do pretérito, intentando aprender a amar.

Assim, de maneira desapiedosa, Gino fora apresentado àquela massa de seres humanos, ávidos de grotescas sensações.

Cativo daquele corpo disforme e desproporcional, o pobre infeliz trazia, aprisionadas n'alma, pérolas do amor que somente a dor, resignada e conscientemente compreendida, poderia libertá-las, expondo ao mundo sua incontestável beleza.

Vendo-se exposto como se fosse animal irracional, destituído de inteligência e de sentimentos, visivelmente descontrolado, movimentava-se de um lado para outro, tentando evadir-se, livrar-se daquele atroz constrangimento, e segurando-se, desesperadamente, nas grades, mais se parecia com a figura simiesca que o caracterizava e que tanto o fazia padecer.

Alguns poucos minutos de grosseira exibição, foram suficientes para deixar o público extasiado com aquela inusitada visão.

Gino, ao deixar a jaula, fora imediatamente reconduzido para o seu cativeiro, sendo ali, novamente, amarrado.

Exaurido, sentara-se, pesadamente, sobre o seu modesto e malcheiroso catre. Com os olhos desmesuradamente abertos e cheios de pavor, cobrira seu rosto tentando, desta forma, apagar a visão aterradora que o perseguia, tornando o seu viver ainda mais penoso.

Na realidade, em existência anterior, endividou-se perante as leis divinas, provocando com seus desatinos, sofrimentos e dores, inconcebíveis, a muitos seres humanos que consigo comungaram àquela jornada terrena. Egoísta, frio, desumano, criou muitos desafetos, fazendo-os consumirem-se no ódio que, ele próprio, houvera suscitado e, agora, na forma de obsessores implacáveis, nele despejavam vingando-se, deleitando-se com o seu inenarrável calvário.

De repente, uma voz suave qual doce acalanto, fízera-se ouvir. Era Silvana que, carinhosamente, viera lhe oferecer o jantar.

A visão aterradora que o visitara desvaneceu-se, substituída pelo rosto e pela silhueta da jovem moçoila, qual anjo que desceu dos céus para ofertar-lhe seu terno regaço.

Feliz, precípite, dirigiu-se ao seu encontro, abraçando-a com intraduzível ternura, claramente percebida pela senhorinha, e por ela retribuída com igual intensidade.

Terminado o breve encontro, o pobre enjeitado ali permaneceu ensimesmado, enredado em seus problemas.

Os sons lamentosos que costumeiramente emitia, extirpados do fulcro do seu coração sofredor, denunciavam a colheita obrigatória do fruto doentio e amargoso que, através das suas atitudes malsãs, houvera livremente semeado, em encarnação anterior.

Solitário em seu humilde cativeiro, revestia seus pensamentos com palavras que somente seus próprios ouvidos escutavam, e revoltado indagava o porquê da sua torturante desdita.

Por que o tratavam com tanto desprezo, como se fosse animal asqueroso, desprovido de alma, inteligência e sentimentos? Por que, se na realidade também era um ser humano, tão-somente, necessitado de ajuda, compreensão e respeito?

Nestes momentos, lágrimas doridas desfilavam pelas suas faces disformes, delatando a tristeza indizível que seu coração experimentava, desvanecendo-se somente quando direcionava seus pensamentos para a doce Silvana, que, verdadeiramente, o compreendia, dispensando-lhe despretensioso desvelo e consideração, fazendo-o sentir-se premiado pela sua sincera afeição.

Seu coração pulsava inquestionável amor pela linda jovem, porém, pressupora impossível, pudesse a gentil senhorinha retribuir-lhe tal sentimento e, assim pensando, direcionou o olhar triste para o seu corpo incomum, enquanto as suas mãos deslizavam sobre o seu rosto simiesco, incitando-o a revoltar-se ainda mais, julgando-se o mais infeliz dos homens, como se fosse espécie humana já extinta, trazida ao mundo, tão-somente, para a humilhação e menosprezo das criaturas.

Amargurado, com o corpo e a mente afadigados, adormecera.

Gino intercalava momentos de perfeita sobriedade e lucidez com outros, de manifesta animalidade.

Tal ocorria, todas as vezes que sentia-se perseguido por

seus algozes espirituais que o espezinhavam, como se fosse simples objeto dos seus descaridosos e inomináveis propósitos.

Silvana dirigira-se, pensativa, para o seu camarim, sentindo seu coração apiedar-se, a cada dia, pela pobre criatura.

Jovem e bela, externava indizível ternura através do olhar, da voz, dos gestos, do andar, adornando com sua presença aquele sítio, levando a todos que no Magnus Circus militavam, o aroma perfumoso da pureza e da bondade que exalavam do seu coração.

Sinceramente condoída, passara a refletir sobre o injustiçado Gino, por todos, considerado como uma insólita atração, talvez aquela que mais seduzisse o público para as dependências daquela casa de espetáculos, vivendo como animal cativo, esquecido e desprezado como se fosse escória do mundo, tendo a terra batida e úmida como chão, a lona tosca como abrigo, o catre desconfortável como leito, os panos velhos e puídos como vestimenta e, em retribuição por esta mísera hospedagem, pagava com a exposição humilhante do seu corpo simiesco às platéias sequiosas por fortes emoções.

Assim pensando, decidira-se a, oportunamente, dirigir-se à presença de Giacomo, proprietário daquela casa de entretenimento, para intentar conseguir melhores e mais dignas acomodações para o jovem infeliz.

Após a sua costumeira oração, deitara-se a fim de refazer-se para enfrentar a dura jornada que a aguardava no dia seguinte, não só como eficiente e corajosa assistente de Carlo, o domador de feras, como também de exímia bailarina que encantava o público, destacando-se como figura principal nas apresentações sempre cheias de graça e beleza. Afadigada, deixou-se abraçar por sono profundo e apaziguante.

39

Na manhã do dia seguinte, como houvera planejado, encaminhara-se ao escritório de Giacomo, para com ele dialogar, no tentame de persuadi-lo a dar a Gino, condições mais humanas de existência. Decidida, diante do referido local, anunciou-se, recebendo, em seguida, permissão para entrar.

Calvo, atarracado e obeso, olhos azuis argutos e penetrantes, olhar sensual, demonstrando impaciência e agressividade nos gestos e no falar, Giacomo era o protótipo do homem inebriado pela moeda e pelo poder, destituído de qualquer indício de dignidade, súdito fiel do egoísmo contumaz.

Desde o nascimento, seu braço direito apresentava-se notadamente mais curto que o esquerdo e com evidente dificuldade motora, não obedecendo de imediato o comando mental; além disso, sua mão correspondente possuía seis dedos, tendo dois polegares unidos e os demais.

Tais anomalias eram motivo de constante constrangimento por parte de Giacomo que tentava, sem sucesso, disfarçá-las diante daqueles que participavam da sua, nem sempre, amistosa companhia e percebendo não conseguir o seu intento, intimamente revoltava-se contra estes infortúnios que, sem tréguas, o acompanhavam.

Tão logo Silvana adentrara o recinto, Giacomo percorreu com olhar cobiçoso e sensual a harmoniosa silhueta da jovem, como se a despisse com os próprios olhos, delatando os desejos torpes que avassalavam suas entranhas naquele momento.

Conhecedora desta desagradável faceta do seu rústico patrão, a jovem artista não se intimidara e, agindo como se nada houvesse percebido, esboçou leve sorriso, acompanhado de gentil e delicado cumprimento.

Giacomo, de maneira pouco educada, indicara-lhe para sentar-se à mesa bem à sua frente, onde costumava fazer a primeira refeição do dia, que mais parecia um banquete, tal a variedade de iguarias ali expostas, para satisfação da sua gulodice que o corpo obeso revelava.

Declinando do convite para acompanhá-lo no farto desjejum, Silvana, sem delongas, começou a expor-lhe as precárias condições de habitação e higiene em que Gino vivia.

De maneira inteligente e capciosa, valorizava a importância que o infeliz representava para o Magnus Circus, destacando-se como um dos pontos altos do espetáculo, necessitando, por conseguinte, um pouco mais de interesse e de atenções.

Giacomo, como sempre ansioso, quisera externar sua opinião, porém Silvana, habilmente, deu prosseguimento à sua explanação, ressaltando-lhe que as más condições em que o pobre esquecido vivia, não seria difícil que viesse a contrair algum tipo de enfermidade e, tal ocorrência, acarretaria prejuízos àquela casa de lazer e descontração.

Ao fazer esta inteligente colocação, a jovem, intimamente feliz, percebera que, de alguma forma, conseguiu impactá-lo, pois, egoísta contumaz, Giacomo, de chofre vislumbrou a viável perspectiva de dano, pondo-se, em silêncio, à espera de uma proveitosa solução.

Com o rosto congesto, fitando a senhorinha com mal disfarçado desdém que, na verdade, ocultava a sua mais recente preocupação, imediatamente, após deglutir o alimento, lhe perguntou com desafiadora entonação na voz:

— O que pensas fazer?

Silvana, confiante e decidida, lhe respondeu:

— Amenizar o seu calvário!

Giacomo, com incontestável menosprezo e irritação, argumentara:

— Desconheço que animais tenham calvário. Eles existem simplesmente para nos servir e ajudar.

Silvana, sentindo a gelidez daquele coração, ciente de que qualquer tentativa de fazê-lo apiedar-se de Gino, redundaria em rotundo fracasso, educadamente insistira na possibilidade do pobre infeliz adoecer, reforçando os prejuízos que tal acometimento haveria de causar.

Vislumbrando uma réstia de esperança no olhar, naquele momento, mais compreensivo de Giacomo, apressara-se em colocar seus préstimos para, sem dispender de qualquer quantia, providenciar o que fosse necessário para realizar o seu intento que, sem dúvida, reverteria em benesses para o Magnus Circus.

Visivelmente feliz, lhe dissera, adornando seu rosto, belíssimo, com um sorriso de antecipado agradecimento pela esperada aquiescência de Giacomo:

— Proponho-me a empenhar-me, pessoalmente, para o sucesso desta missão que, espero, permitirá que doenças sejam evitadas e Gino possa cumprir com suas responsabilidades nesta casa de espetáculos.

Diante da argumentação plena de bom senso que Silvana, educadamente, lhe confiara, só lhe restou curvar-se, vencido, dizendo-lhe, com indisfarçável desdém:

— Faças o que quiseres!

Em seguida, com grave entonação na voz, autoritário, lhe disse:

— Desconhecemos o futuro desta casa neste sítio, pois só agora estamos iniciando o nosso trabalho e toda economia será bem-vinda.

Em seqüência, com o olhar visivelmente licencioso, insistiu para que a jovem ali permanecesse, indagando-lhe astuto:

— Por que não ficas fazendo-me companhia nesta refeição matinal?

Ao mesmo tempo gesticulara, matreiro, para que se colocasse à vontade e se servisse daquele opulento desjejum.

Silvana, habilmente, se esquivou do convite, dizendo-lhe pressurosa:

— Carlo me aguarda para iniciarmos o trabalho junto às feras e, em seguida, darei continuidade aos ensaios das danças que serão exibidas ao grande público na próxima apresentação.

Assim, delicada e decididamente, despedira-se, feliz, por ter conseguido o seu intento, ao mesmo tempo, aliviada por deixar aquele recinto saturado de grosseiras vibrações que lhe causavam incontestável mal-estar.

Sem que a jovem percebesse, o rústico proprietário do Magnus Circus, endereçou-lhe o derradeiro olhar, arguto, sensual, cheio de cobiça que expunha os seus íntimos e inconfessáveis pensamentos.

Silvana, radiante, dirigiu-se para a modesta tenda onde Gino se encontrava, para oferecer-lhe, prazerosa, a primeira refeição do dia.

Logo que adentrara o humilde recinto, recebeu, daquela sofrida criatura, o sorriso, destituído de beleza, porém, saturado de sinceras emoções, que denunciava sua alma, carente e saudosa, da presença amorável da senhorinha.

Rapidamente, Gino viera ao seu encontro e seus olhos, expressivos, fitavam-na com tal intensidade amorosa que Silvana percebera acelerarem as pulsações do seu coração, fazendo-a desfrutar emoções inusitadas, mescladas de piedade e de ternura que jamais houvera sentido e que, naquele exato momento, surpresa, não conseguira aquilatar o seu verdadeiro significado.

Terminada a ligeira refeição, a jovem, um tanto quanto abalada por estes sentimentos que de relance dela se apossaram, despediu-se com um meigo sorriso, cuja imagem ficara gravada na retina espiritual do pobre infeliz, como se fora a mais bela visão que seus olhos houveram tido a ventura de apreciar.

Em seguida, dirigiu-se ao encontro de Carlo para, com ele, dar início às tarefas programadas para aquele dia.

40

O corajoso domador, com aproximadamente sete lustros de difícil existência, porte atlético, cabelos ruivos e densos, tez clara, olhos castanhos, a todos conquistava pela alegria e bondade contagiantes que emergiam, com naturalidade, do seu sincero coração.

Carlo, desde cedo, demonstrara simpatia pela medicina entretanto, os parcos recursos financeiros dos seus pais, que também militavam na área circense, não lhe possibilitaram seguir tão bela carreira e como gostava muito de animais, acabara por enveredar neste difícil campo de atividade, tornando-se exímio profissional.

Silvana, tão logo dele se aproximou, foi recebida com muita alegria, e tendo o seu rosto carinhosamente osculado, apressou-se em retribuir-lhe este gesto afetuoso, evidenciando os nobres sentimentos que os envolviam.

Após breve conversação, bem-humorados, encaminharam-se em direção à jaula, onde as feras já se encontravam, para dar início ao habitual treinamento.

O chicote, cortando os ares, passara a ser o único instrumento de conversação entre o homem e os animais.

Conforme a intensidade e o número de estalidos, os animais correspondiam especificamente, realizando proezas, totalmente à mercê do domador.

Silvana, corajosamente, colocara-se ao seu lado, atenta a cada detalhe, a cada movimento, consciente do perigo que ali fazia-se constantemente presente.

Assim, atarefados, permaneceram por cerca de uma hora, quando Carlo demonstrando o cansaço que o suor do seu corpo delatava, carinhosamente, segurou a mão delicada de Silvana, dizendo-lhe, sorrindo, convicto:

— Por hoje basta. Nós e as feras estamos devidamente preparados para a próxima apresentação.

Logo após estimularam os animais a dirigirem-se para os seus cativeiros onde, oportunamente, haveriam de ser alimentados e permanecerem. Assim foi feito, sem maiores dificuldades.

De mãos dadas o casal de enamorados mantivera-se em agradável diálogo, caminhando, despreocupadamente, pelas cercanias do circo.

Eram notórios a grande afeição e carinho com que Carlo presenteava a jovem Silvana que, delicada e timidamente, lhe retribuía.

Era evidente também que a afeição de um para com o outro, guardava algumas diferenças.

Os sentimentos de Carlo afloravam, inquestionáveis, do imo do seu ser, expondo o amor que sentia pela bela senhorinha.

Silvana, por sua vez, mais recatada, passara a admirá-lo pela sua educação, sinceridade e coragem que, aos poucos, envolveram-na em ondas perfumosas de amor-estima, respeito, afeição.

Após meia hora de aprazível colóquio, a jovem, delicadamente, dissera ao corajoso domador que iria descansar por alguns minutos para, logo em seguida, junto com as demais bailarinas, ensaiar o seu número, preparando-se para a próxima função. Dele despediu-se beijando-o, delicadamente, no rosto.

Assim, encaminhara-se para o seu camarim, tomara alguns goles d'água, refrescando-se, deitara-se por alguns minutos e, rapidamente, demandou para o trabalho que a aguardava.

Tão logo terminara o ensaio, pôs-se a refletir sobre como melhorar as condições de habitabilidade de Gino.

Nas cercanias da casa de espetáculos, existia um camarim velho e danificado que servia, tão-só, como depósito de quinquilharias e que, devidamente reformado, se tornaria apto para acolher o pobre infeliz.

Silvana, oportunamente, expora sua idéia às pessoas que no circo militavam e, muito querida, conseguiu a colaboração que necessitava para realizar o seu nobre objetivo.

Após alguns poucos dias de intensa lida, o velho camarim apresentava novo aspecto, pronto para recepcionar o homem-macaco.

Feliz, Silvana apressou-se em mostrar a Giacomo o resultado do trabalho realizado pelos seus próprios funcionários, ressaltando que fora, sem ônus, para o Magnus Circus, pois tudo fizeram em nome da fraternidade e às suas próprias expensas.

Giacomo, com olhar arguto, observara o resultado da digna tarefa e, friamente, dera desdenhoso parabéns a Silvana, ao mesmo tempo em que ironizando lhe disse:

— Não sei para que todo este trabalho, o animal não irá notar absolutamente nada. Aqui ou lá para ele é a mesma coisa.

Silvana visivelmente desapontada, sentindo seu coração, sensível, compadecer-se pelo pobre enjeitado, mantivera-se em absoluto silêncio.

Giacomo, sem demora, virara as costas e partiu ansioso rumo aos seus afazeres.

Silvana, por segundos, ali permanecera estática, porém, haurindo forças, fizera com que seus lábios róseos esboçassem leve sorriso, extravasando seu otimismo, antevendo a alegria que iria proporcionar a Gino, quando se inteirasse do ocorrido.

Ansiosa, demandara à humilde habitação do jovem infeliz para comunicar-lhe a alvissareira notícia.

Após anunciar-se, educadamente adentrara a tenda, sendo logo acarinhada pela alegria incontida com que Gino brindou a sua chegada, externando o profundo sentimento amoroso que nutria pela doce senhorita.

Desamarrando-o do mastro que o mantinha cativo, Silvana colocara, ternamente, as mãos frias e trêmulas do pobre coitado entre as suas e comunicou-lhe o fato, avalizando a sua alegria com um sorriso pleno de meiguice e sinceridade.

Em seguida, deixaram a tenda. Silvana, segurando-o pela mão, caminhou resoluta em direção à nova morada de Gino, sendo ambos observados, com incontestável surpresa, por todos aqueles que se encontravam nas imediações e que, de alguma maneira, houveram contribuído para que o pedido da jovem se tornasse realidade.

Diante da nova moradia detiveram-se.

O jovem, agora exalando felicidade, passeava seu olhar pleno de satisfação sobre o seu novo habitat, quando Silvana o convidou para nele adentrar.

No interior do aposento, seus olhos, extasiados, percorreram cada detalhe das novas acomodações e, extremamente emocionado e agradecido, com lágrimas a banharem suas faces rudes, com a voz fraca e gutural, porém audível, fitando Silvana, com indizível ternura lhe disse, pausadamente, com visível esforço:

— Silvana, meu coração, sinceramente agradecido, nunca irá esquecer-se desta atitude caridosa com que você, despretensiosamente, me presenteou!

A seguir, segurando as mãos da jovem, beijou-as com carinho, percebendo emergir do cerne da sua alma sofrida, um sentimento que nunca houvera experimentado.

Era o amor que florescia, quebrando os grilhões do egoísmo que o mantinha cativo desde anterior encarnação, perfumando, a partir daquele momento, todo o seu ser.

Surpresa, verdadeiramente perplexa, pois desconhecia que Gino pudesse manifestar-se com tal desenvoltura, Silvana deixara-se contagiar pelas fortes emoções, não conseguindo conter as lágrimas que acarinharam seu rosto, deixando extravasar a alegria que sua alma represava naquele momento de inesquecível beleza e sensibilidade.

Sinceramente comovida, abraçara Gino com viva efusão externando, incontrolável, um sentimento mesclado de compaixão, carinho e amor que não conseguia bem distinguir e, tão pouco, aquilatar sua real intensidade.

E, assim, aqueles dois corações enredados pelas teias invisíveis do amor, entrelaçavam-se na Terra, outra vez!

Nas constantes visitas que Silvana tivera a oportunidade de fazer àquela infelicitada criatura, dela já houvera escutado palavras esparsas, porém, jamais frases completas a expressarem tão comovido pensamento, como aquelas que seus ouvidos materiais acabaram de captar e que sua alma sensível descodificou, percebendo, nitidamente, os segredos que encerravam.

Naqueles instantes Silvana se conscientizara, em definitivo, de que Gino, não só possuía o dom da fala como também um coração sensível e uma inteligência vivaz, capacitando-o a interagir no mundo, desfrutar a vida, vivenciar experiências diversas como os demais seres humanos.

41

Na manhã do dia seguinte, Giacomo convocara Silvana para comparecer ao seu escritório, a fim de tratar de assunto do interesse daquela casa de entretenimento.

A jovem, prontamente, atendera o seu chamado e, tão logo adentrara o recinto, notara a presença de Carlo que a recepcionou com visível satisfação, beijando-a carinhosamente no rosto.

Giacomo os fitara impassível e, vestindo a toga da autoridade, sem delongas, lhes comunicou:

— Em sítio próximo daqui será realizada uma grande feira e para lá, oportunamente, nos dirigiremos para apresentar algumas das melhores atrações da nossa casa de espetáculos.

— Entre elas selecionei a do homem-macaco e a das feras, razão pela qual os convoquei para que possam preparar-se, a fim de que nossa participação seja coroada de êxito.

— Acredito que será uma ótima chance, não só para ganharmos um bom dinheiro, como também para divulgarmos o Magnus Circus.

— A data do evento está marcada para daqui a dois dias. Amanhã pela manhã partiremos.

— Era só o que eu tinha para lhes dizer.

Dito isso, sem esperar qualquer resposta, dando-a como positiva, levantou-se impaciente, fazendo com que o casal, um tanto quanto surpreso e desconcertado, rapidamente se retirasse.

Na tarde seguinte, partiram.

A viagem demorara cerca de duas horas e durante o trajeto, Gino pudera presenciar o carinho e o amor com que Carlo brindava a jovem Silvana.

Seu coração, pela primeira vez, fora visitado por um sentimento inusitado que nunca houvera experimentado. Era o ciúme, qual réptil peçonhento a destilar veneno avassalador, que ao percorrer-lhe as entranhas, incitara o pobre infeliz a repudiar aquele bom homem que, sem saber, houvera se transformado em seu principal desafeto.

Silvana, a cada momento, percebia recrudescer os sentimentos que nutria por Gino, sendo acossada por intensa compaixão, vendo-o exposto, inapelavelmente, para a satisfação da curiosidade e para o escárnio do público, avidamente interessado pelo incomum, pelo inusitado, que o homem-macaco bem representava.

Sentia-se impotente para minimizar as suas agruras e somente ao intentar convencer-se de que, no momento, era a única possibilidade de trabalho de que dispunha o pobre coitado para conseguir o pão, o leito e o abrigo, conseguia sentir a brisa suave da consciente resignação acariciando sua alma, amenizando suas preocupações.

Terminada a espetacular apresentação na referida feira, após um breve descanso, os componentes do Magnus Circus demandaram de retorno às suas dependências para beneficiarem-se do justo e devido refazimento.

Ali chegando, por orientação de Giacomo, que alegava precaução, Gino fora mantido recluso, trancafiado dentro da sua nova morada.

No dia seguinte, os artistas intensificaram os seus preparativos para que a próxima função do Magnus Circus fosse visitada pelo sucesso, deixando o público extasiado com suas variadas atrações levando-lhes alegria, curiosidade e suspense.

Nesta azáfama, o tempo voara e o domingo tão aguardado finalmente chegou.

Para gáudio dos artistas e do ganancioso proprietário, a casa estava com todas as suas dependências tomadas e os apupos do público denotavam sua impaciência, exigindo o início do espetáculo.

Após os clássicos números executados com maestria pelos acrobatas, malabaristas, bailarinas, animais domesticados, feras dominadas pela inteligência e pela coragem do exímio domador e de alegres saltimbancos, era chegado o grande momento que, os aficionados daquele tipo de espetáculo, tanto esperavam.

Quando o mestre-de-cerimônias dirigiu-se para o picadeiro, silêncio repentino e absoluto se fez presente em toda a platéia, ávida de emoções. Em seguida, com a voz altissonante, acompanhada pelo rufar rústico dos tambores, disse, com visível entusiasmo e suspense:

— Com vocês, no picadeiro do Magnus Circus o inusitado, o fantástico, o incrível, homem-macaco!

Sob apupos e aplausos, Gino adentrara a jaula.

O barulho ensurdecedor culminara por desequilibrar o pobre infeliz que, extremamente descontrolado, fora de si, grunhia desesperado saltitando sem parar, segurando-se nas grades da jaula, na tentativa de evadir-se daquele triste cativeiro, sem se aperceber que, assim agindo, ressaltava ainda mais a figura simiesca que o caracterizava, única responsável pelo seu inenarrável martírio.

Quanto mais se desesperava mais o público delirava, deleitando-se com aquelas cenas ridículas e descaridosas, externando seus sentimentos deserdados de fraternidade e compaixão.

Silvana, perspicaz e apreensiva, notara que filetes de sangue teimavam em escorrer pelo rosto e pelas pernas arqueadas do pobre infeliz, denunciando que, de alguma forma, nas grades houvera se ferido.

Enredada por sincera compaixão, rapidamente adentrara a jaula e encaminhando-se em direção da inofensiva criatura, com voz decidida e plena de ternura lhe disse:

— Acalme-se Gino!

No mesmo instante ele estagnara. Sua respiração, ofegante, principiara a amainar; seu olhar, transtornado, adquirira repentina lucidez e seus braços, lentamente, foram envolvendo seu próprio corpo e, numa atitude de consciente submissão, a passos lentos, encaminhara-se em direção à jovem Silvana, que carinhosamente o acolheu em seus braços.

Esta cena, profundamente confrangedora para alguns freqüentadores, para outros, provocara ainda mais excitação e aos gritos, risos e palmas, aplaudiam, incessantemente, aquele triste espetáculo.

Gino, tendo sua alma em frangalhos, voltara-se para o grande público e com os braços abertos, suplicantes, num esforço inaudito gritou sem, entretanto, conseguir ser ouvido pela massa delirante que o aplaudia:

— Pelo amor de Deus, eu sou gente, eu sou humano como vocês, não sou um animal!

Os militantes do Magnus Circus que se encontravam mais próximos, puderam ouvir a sua súplica e seus corações comoveram-se, sentindo a piedade neles penetrar, convencidos de que aquele corpo disforme albergava uma alma, como a deles próprios, extremamente necessitada de carinho e de compreensão.

Silvana segurando-o pela mão, calmamente, o retirara da jaula e quando adentravam os bastidores, os artistas e trabalhadores que presenciaram aquela cena comovedora aproximaram-se de Gino.

Enquanto alguns externavam amistoso sorriso, outros tocavam seus ombros procurando consolá-lo e, ao mesmo tempo, pedir-lhe desculpas pelo desdém que até então, injustamente, lhe houveram endereçado.

Lágrimas sentidas brotaram dos seus olhos, arrancadas do seu coração amargurado, denunciando sua forte comoção e ao mesmo tempo seu sincero agradecimento a todos que vieram ao seu encontro, por aceitá-lo como ser humano e compreendê-lo em sua desdita.

Em seguida, acompanhado por Silvana e por Carlo que a tudo presenciara, adentrou sua morada para desfrutar merecido repouso.

Após seus ferimentos terem sido tratados pela amorável senhorinha, debilitado, física e espiritualmente, sentara-se pesadamente em seu leito e fitando, com infinita ternura, os olhos azuis de Silvana, lhe estendera as mãos, ainda trêmulas, dizendo-lhe, revelando a dor que martirizava suas entranhas:

— Por que Silvana? Por que Deus me fez assim?

Naquele exato momento, os sentimentos daquelas três criaturas mesclaram-se com os dos amigos espirituais que ali se encontravam presentes, intentando dar forças para Silvana perseverar, Carlo compreender e Gino resignar-se.

Antes de se despedirem, impacientes batidas na porta se fizeram ouvir quando Carlo, solícito, apressara-se em atender. Era Giacomo que, ansioso, imediatamente adentrou o recinto trazendo o rosto congesto, evidenciando o mau-humor que o fustigava.

Com a voz nitidamente alterada, irritado, criticou, injusta e impiedosamente, a jovem Silvana por ter retirado, intempestivamente, Gino de cena e o reconduzido aos bastidores.

Alegava que o público ali presente que aplaudia intensamente a apresentação, demonstrando o seu agrado, fora, injustamente, privado daqueles momentos de alegria e descontração, pois

Silvana, indiferente aos apupos da platéia, retirara Gino da jaula decepcionando e descontentando os aficionados daquele gênero de espetáculo. Com o dedo em riste disse, colérico:

— Este fato não deverá mais ocorrer nesta casa, pois, é nosso dever profissional, agradar ao público que nos dera a preferência e por isto, Gino, deveria ter sido mantido no picadeiro o tempo que a platéia assim o exigisse.

Desconhecendo a razão da iniciativa tomada por Silvana, sem proferir mais uma só palavra deu as costas aos presentes, retirando-se do local, apressadamente, deixando bem claro o seu desagrado.

Carlo, Silvana e Gino mantiveram-se calados e ao mesmo tempo perplexos com a atitude descaridosa com que Giacomo abordara o procedimento correto e fraterno da senhorinha.

A seguir, ainda abalados pelo insólito episódio, Carlo e Silvana despediram-se de Gino, demonstrando em seus olhares, não só o repúdio pelas palavras sem conteúdo há pouco proferidas, como também o carinho e a amizade que, sincera e despretensiosamente, lhe devotavam.

O pobre infeliz, mergulhado na solidão, uma vez mais, olhou-se no espelho e sentindo-se extremamente desprezado, notou lágrimas escorrerem pelo seu rosto, traduzindo a infelicidade que invadira a sua alma.

Neste estado de profunda tristeza, fora acossado por incontrolável rancor em relação a Giacomo, que, impiedosamente, o maltratara, tratando-o com evidente injustiça e desdém.

Destilara este veneno por bom tempo, até que, exaurido, entregara-se ao sono que, finalmente, o viera visitar.

42

Tão logo adormecera, seu Espírito, atribulado, desvencilhara-se do corpo e, sofregamente, encaminhou-se aos aposentos de Giacomo e postando-se diante dele, instigado pelo seu algoz espiritual, começou a proferir uma série de impropérios, vingando-se das palavras inamistosas que lhe houvera dirigido algumas horas atrás.

Giacomo nada escutava com os ouvidos da carne, porém, sentira um súbito mal-estar e, visivelmente descontrolado, abriu pequeno armário onde mantinha reduzido estoque de alcoólicos para, em seguida, um deles saborear tentando acalmar-se.

Com este objetivo ingeriu vários tragos e deveras alcoolizado, rapidamente, adormeceu e, tão logo, o seu Espírito desprendeu-se do veículo carnal se deparara com o Espírito Gino transtornado que continuava a proferir palavras ofensivas, evidenciando o ódio de que estava possuído.

Em total desequilíbrio vociferavam agressivamente, denunciando a maldade que exalava das entranhas das suas almas.

Entretidos nesta ridícula contenda, não se aperceberam de que, uma plêiade de Espíritos, os observava, deleitando-se com as cenas grotescas que se desenrolavam.

Eram negros escravos que apupavam os contendores, insuflando-os a pelejarem, satisfazendo assim, seus desejos condenáveis de vingança pelos maus-tratos que, aqueles dois personagens, lhe houveram imposto em anterior encarnação.

Transcorridos alguns minutos de mútuas hostilidades, extenuados, os Espíritos Gino e Giacomo finalmente apartaram-se, guardando em seus interiores os mesmos sentimentos que os estimularam àquelas infelizes atitudes.

Em seguida, cada um fora conduzido pelos Espíritos escravos a sítios diferentes.

Aquele que acompanhava Gino montara-lhe às costas como se animal fosse, fazendo-o curvar-se arqueando as pernas, ao mesmo tempo que o atiçava com o chicote, proferindo palavras chulas, humilhando-o com indescritível crueldade, extravasando o ódio que mantinha cativo no íntimo do seu ser.

Giacomo, ao despertar tinha as roupas molhadas pelo suor, assim como seu corpo extremamente dolorido, ao mesmo tempo em que mantinha a vaga impressão de que sonhara e, literalmente, pelejara com desconhecido adversário.

Gino por sua vez, ao levantar-se, com manifesta dificuldade, alquebrado, apresentava seu corpo encurvado e as pernas arqueadas como os símios, pelo fato de sustentar em suas costas aquele Espírito escravo que, durante toda a madrugada não lhe dera tréguas, supliciando-o impiedosamente.

Giacomo, tão logo terminou o seu costumeiro e opulento desjejum, ainda irritado, solicitou a presença de Silvana em seus aposentos. Quando a jovem ali adentrou, sem demora passou a comentar, mais detalhadamente, o episódio do dia anterior que tanto o desagradara, intimando-a, imediatamente, a acompanhá-lo até a presença de Gino para deixar bem clara a sua posição definitiva a respeito do ocorrido.

Ao encontrarem-se frente a frente, os olhos, ainda congestos, de Giacomo e de Gino cruzaram-se, inamistosos, acusando a aversão que mutuamente nutriam e faltara pouco para que, agora na carne, se engalfinhassem.

Silvana sensível, tudo percebera e com delicadeza se apressou a encetar a conversação, arrefecendo os ânimos que estavam, visivelmente, exaltados.

Logo a seguir Giacomo, autoritário e com a voz nitidamente alterada, dissera a Gino que fora a última vez que houvera suportado fato de tal relevância, alertando-o de que, se ocorresse novamente, o despediria sem contestação.

No íntimo, o proprietário do Magnus Circus, somente queria impor suas regras e valer-se da sua autoridade, pois, em hipótese alguma, o despediria, estando convicto da importância da presença do pobre infeliz nas atrações da sua casa de espetáculo.

Continuando sua fala, alertou-o sobre a visível deformidade do seu corpo, salientando o fato de que não possuindo outras habilidades, só lhe restava agradecê-lo pela hospitalidade, pois ali, no Magnus Circus, nunca lhe faltara o abrigo, o alimento e a vestimenta e em retribuição a estes valores, somente deveria expor sua figura incomum à platéia sequiosa de suspense e curiosidade.

Estas palavras retratavam uma certa realidade, porém, da forma cruel como foram ditas, como lâminas invisíveis rasgaram as entranhas do infeliz Gino, causando-lhe inenarrável sofrimento.

Ferido, a ponto de reagir, Gino desviara seus olhos para Silvana que, sem emitir uma só palavra, conseguira com o seu terno olhar, apaziguá-lo, incitando-o a baixar a cabeça para, em seguida, voltar a fixar os olhos nos de Giacomo e pedir-lhe desculpas.

Esta inesperada atitude de resignação e humildade que Gino exteriorizara, surpreendeu sobremaneira Giacomo, penetrando as profundezas da sua alma, diluindo aqueles sentimentos de subjugação e menosprezo que sempre demonstrara ter para com o pobre coitado. Sua alma, finalmente, fora envolvida pelo perfume da compaixão por aquela triste criatura, olvidada pelo mundo, deserdada da felicidade. Impulsionado por este nobre sentimento que, momentaneamente, o visitara, incontinenti, aproximou-se de Gino e segurando amistosamente sua mão lhe disse:

— Conto contigo na próxima apresentação do nosso Magnus Circus!

Em seguida, meneando a cabeça cumprimentou Silvana, retirando-se levemente comovido.

Silvana emocionada pela cena inabitual, sentou-se diante de Gino e, adornando seu rosto com um meigo sorriso, lhe disse:

— Gino sua humildade conseguiu adentrar o coração de Giacomo, fundindo os cristais gélidos que teimosamente o envolviam e tenha a certeza de que, de alguma forma, algemas foram rompidas, libertando suas almas, fazendo-as vislumbrar um novo amanhã!

Gino, que mantivera-se cabisbaixo, afetuosamente endereçou seu olhar para Silvana e, aos olhos da doce senhorinha, como se houvesse sido maquiado por mãos de fada, seu rosto adquiriu um novo brilho, diluindo-se a figura simiesca que o caracterizava.

Era o amor que, sutilmente, emergindo das suas entranhas a fazia enxergar não um corpo deformado, mas sim, uma alma carente de nobres e profundos sentimentos.

Gino, em seguida, segurou as mãos de Silvana, beijando-as com indizível ternura, deixando fluir pelos seus lábios todo o amor que, há tempos, albergava seu dorido coração.

Comovida, com as faces lívidas, Silvana despediu-se de Gino, indo ao encontro das responsabilidades profissionais que a aguardavam.

43

Os dias transcorriam velozes e já se fazia notar, timidamente, a presença de Gino nas dependências do Magnus Circus, observando, conversando, colaborando, despretensiosamente interagindo.

Com o passar do tempo, fora participando mais intensamente da azáfama tão característica daquela casa de espetáculos, tornando-se, por conseguinte, personagem ativa, responsável, suscitando a compreensão e o respeito de todos.

Sua aparência simiesca fora relegada a segundo plano e, nos bastidores, interagindo com os artistas e os militantes do circo e neles encontrando despretensiosa receptividade, conseguia extravasar a alegria que, há tanto tempo, se encontrava aprisionada no seu coração. Nestes momentos, seu corpo mostrava-se mais ereto, suas pernas menos arqueadas e sua fisionomia externava a satisfação que o abraçava por sentir-se um ser humano normal, aceito naturalmente por todos, ávido de carinho, atenção e amizade.

Gino, gradativamente, fora compenetrando-se da importância da sua presença nas atrações do circo, pois, através da platéia que ali se fazia presente, prestigiando aquela casa de entretenimento, era que os artistas e militantes, auferiam a justa e necessária moeda, possibilitando-lhes dar seguimento às suas vidas, desenvolverem suas aptidões e manterem suas respectivas famílias.

Assim, intercalando momentos de revolta e de resignação, fora exercendo o seu trabalho, cumprindo as incumbências que lhe eram designadas.

Nas apresentações que sucediam-se, a pedido de Silvana e Carlo e com o devido consentimento de Giacomo, que passara a ser menos intransigente, Gino adentrava a jaula em primeiro lugar, ali permanecendo por alguns minutos.

Em princípio, caminhava lentamente, porém, ao receber os apupos e aplausos da grande platéia, via de regra fragilizava-se, deixando-se descontrolar e instigado pelos seus obsessores invisíveis aos olhos humanos, voltava a encurvar o seu copo, arqueando mais as suas pernas, agarrando-se às grades que o aprisionavam.

Assim agindo, ressaltava, para gáudio dos espectadores, o seu aspecto simiesco, e somente acalmava-se quando Silvana adentrava o local, vindo, amoravelmente, ao seu encontro. Em seguida retirava-se, para que a nova atração, sob o comando de Carlo, fosse apresentada.

Os meses transcorriam e Gino houvera se transformado em parte viva e ativa do Magnus Circus, tornando-se querido pelos seus inúmeros integrantes conquistando, pouco a pouco, a consideração de Giacomo pelo seu esforço e resignação, qualidades estas que ele próprio não possuía, mas apreciava nos seres humanos que as houveram conquistado.

Neste tempo, recrudescera o amor de Gino por Silvana que, por sua vez, sentia crescer um sentimento dúbio mesclado de afeto e de compaixão, que a deixavam confusa, não conseguindo, até então, claramente defini-lo.

Silvana sentia por Carlo muito respeito, estima e amizade, porém, por Gino, percebera existir algo mais além destas percepções. Gostava de estar ao seu lado, usufruir a sua companhia, sempre carinhosa para com ela, levar-lhe um pouco de alegria, fazê-lo sorrir esquecendo-se, mesmo que por instantes, do seu infortúnio.

Diante dele, seu coração parecia pulsar mais feliz, num misto de carinho, piedade e afeição.

Por vezes, surpreendia-se imaginando-se junto a ele, acompanhando os seus passos, protegendo-o do mundo cruel, amenizando o seu padecer, possibilitando-lhe desfrutar um pouco de ventura, até então, por ele desconhecida.

Era o seu coração falando mais alto, tentando sobrepor-se a razão que insistia em fazê-la analisar, refletir e ponderar estas sensações que, a cada dia, afloravam mais intensamente do íntimo do seu ser, exigindo-lhe coerente e madura definição.

Não conseguindo desvencilhar-se destes pensamentos, Silvana sofria, pois era como se estivesse atraiçoando Carlo que lhe devotava inquestionável amor, externado através das suas palavras doces, do seu olhar terno, dos seus ouvidos pacienciosos, das suas atitudes sempre gentis.

Neste emaranhado de profundas emoções, Silvana encontrava-se confusa, não conseguindo bem definir e nem aquilatar o verdadeiro sentimento que enredava a sua alma.

Sem dúvida, eram momentos difíceis para Silvana e todas as noites, antes de ser envolvida pelo sono reparador, elevava o seu pensamento ao Criador, pedindo-lhe equilíbrio e discernimento para que pudesse encontrar as verdadeiras veredas que os seus pés haveriam de trilhar.

Com o passar dos dias, Gino fora observando contristado, a afeição sincera que Carlo dedicava à jovem donzela que, por vez, naturalmente retribuía.

Pouco a pouco, passara a ser, implacavelmente, perseguido pelo ciúme e não conseguia mais olhar para o bondoso domador da mesma forma que o fizera tempos atrás, passando a tratá-lo com injusto desapreço, procurando ignorar a sua sempre amistosa presença.

Estes pensamentos, negregosos, passaram a visitá-lo com tal freqüência que passou a ser mais assediado pelos seus obsessores que, encontrando campo fértil, semearam a erva daninha, assenhoreando-se novamente do pobre infeliz que, gradativamente, fora alterando o seu comportamento, afastando-se do convívio das pessoas, isolando-se, somente sentindo-se feliz quando se encontrava na presença de Silvana.

Com o coração opresso, enclausurava-se em seus aposentos curtindo o ciúme, a ponto de fomentar uma certa aversão por Carlo que, a despeito da visível alteração de comportamento de Gino para com a sua afável pessoa, continuava a tratá-lo com todo o respeito, dispensando-lhe incondicional amizade e atenção.

Gino, após mais uma das suas costumeiras aparições no Magnus Circus, voltou aos seus aposentos e deitou-se, pondo-se a pensar em Silvana, assim passando um par de horas.

À noite, os Espíritos Gino e Silvana, desvencilhando-se dos seus veículos físicos encontraram-se, não lhes sendo possível, dissimular os sentimentos que os enredava.

Ao despertarem, ambos tiveram, de relance, a lembrança daquele insólito colóquio que julgaram ter sido apenas um sonho, porém, mesmo assim pensando, não conseguiram impedir que seus corações pulsassem mais acelerados, vivamente sensibilizados.

44

Era mais uma bela e ensolarada tarde de domingo, propícia para um grandioso espetáculo circense.

O público, que para lá se dirigiu, lotava literalmente as suas dependências, sendo necessário improvisar mais assentos para acomodarem as pessoas ávidas de emoções.

A função começou no horário marcado. Um a um dos artistas foi apresentando, com mestria, seus números espetaculosos, diante da platéia atenta e extasiada.

Hora e meia houvera passado, quando, o apresentador anunciou breve intervalo. Neste ínterim, a jaula fora devidamente montada, prenunciando fortes sensações para dali alguns instantes.

Finalmente, o mestre de cerimônias surgiu dos bastidores e, encaminhando-se decididamente para o picadeiro, com a voz forte, perfeitamente audível e sob o rufar estrepitoso dos tambores, anunciou a próxima atração, dizendo emocionado:

— Neste exato momento, diante desta seleta platéia, o Magnus Circus tem o prazer de apresentar Gino, o homem-macaco!

Incontinenti, a infortunada criatura, adentrara a jaula, trazendo no semblante e nos gestos a revolta e no coração o fel a corroerlhe as entranhas, o que naturalmente acentuava a sua figura simiesca que impactava quantos ali presenciavam o triste espetáculo.

Transcorridos alguns minutos da grotesca apresentação, Silvana, acompanhada por Carlo, entrara no local e dirigindo carinhoso sorriso a Gino, como que o enfeitiçou, acalmando-o, instantaneamente. Segundos após, as feras, desta feita visivelmente mais ariscas, ali adentraram também e, conduzidas pela voz autoritária do domador e pelos estalidos do chicote, dirigiram-se para os seus postos.

A platéia, inebriada, passara a aplaudir entusiasticamente.

Gino, desta vez, não quisera recolher-se aos bastidores permanecendo no interior da jaula. Carlo e Silvana surpreenderam-se com tal atitude porém, não querendo contrariá-lo, pois poderiam irritá-lo e colocar todos em perigo, deixaram-no ali permanecer.

Em seguida, os animais começaram a movimentar-se, obedecendo ao corajoso comando do experiente domador.

Era notório que a presença inabitual de Gino no interior da jaula, causara certa irritação nas feras que, estranhamente teimosas, passaram a não obedecer prontamente as ordens de Carlo, deixando-o, assim como sua eficiente assistente, preocupados quanto ao desenrolar e o desfecho da apresentação.

Silvana, notando as dificuldades que Carlo estava encontrando para dominar todos os animais, apoderara-se, rapidamente, de outro chicote, na tentativa de auxiliá-lo, procurando controlar algumas feras, mantendo-as em seus lugares, aguardando o momento oportuno em que seriam requisitadas para substituir aquelas que, no momento, sob a guante de domador, apresentavam suas habilidades ao grande público.

Ao se aproximar de uma delas, esta, nitidamente impaciente e nervosa, súbito, desferiu-lhe certeira patada, atingindo o seu ombro, atirando-a bruscamente ao chão.

Gino, num átimo, correra, em direção à fera agressora, projetando-se, corajosa e disparatadamente, sobre o animal como se fosse possível dominá-lo.

Sentindo-se atacada, a fera, desferira poderosa mordida na garganta de Gino, fazendo o sangue brotar, aos borbotões, através das suas carnes feridas, manchando as modestas roupas do infeliz, tisnando de vermelho o chão do picadeiro.

Carlo, apesar de fortemente impactado pela ocorrência, dominara os seus nervos e estalando rápida e vigorosamente o chicote, conseguira, por fim, conter os animais que estavam a ponto de se descontrolar o que, por certo, provocaria pânico entre os freqüentadores daquela casa de espetáculos, com conseqüências imprevisíveis e irreparáveis.

Silvana, apreensiva, levemente contundida, de imediato se levantara e dirigira-se ao ponto onde Gino tombara, enquanto Carlo, com muita dificuldade, intentava conduzir as feras de volta as suas respectivas jaulas individuais.

Curvando-se, carinhosamente, sobre seu corpo ensangüentado, Silvana procurava prestar-lhe algum socorro, na tentativa de aliviar suas dores, sustentando sua cabeça com as próprias mãos amparando-o, fraternalmente, naqueles momentos difíceis por que passava.

Ao conduzir os seus olhos lacrimosos, externando dúlcidos sentimentos em direção ao pobre ferido, este, endereçara sofrido e terno olhar à meiga e abalada senhorinha, delatando todo o amor que se encontrava cativo em seu coração, como se fosse imensurável tesouro que, despretensiosamente, naqueles instantes, lhe ofertava.

Os olhos entreabertos de Gino demonstravam inquestionável resignação com o ocorrido, como se, calmamente, estivesse despedindo-se da vida, livrando-se, finalmente, do calvário que tivera de enfrentar durante toda a sua existência terrena.

Seu olhar estático, parecia querer fixar na sua retina espiritual a doce imagem da sua amada, gravando-a indelevelmente em sua alma, eternamente reconhecida, por ter sido ela, Silvana, a única criatura que dele houvera profunda e verdadeiramente se compadecido, presenteando-lhe com a ternura sincera da sua companhia e consideração, amainando os seus sofrimentos, proporcionando um pouco de alegria à sua triste e solitária existência.

Neste ínterim, Carlo já havia retornado, colocando-se ao lado de Gino, visivelmente tenso e condoído pelos acontecimentos que acabaram por ofender, brutalmente, o corpo do pobre coitado.

Vários integrantes do Magnus Circus, bem como o próprio Giacomo, acorreram rapidamente ao local, surpresos pela cena que, há pouco, ali houvera ocorrido, causando danos irreparáveis a compleição física do infeliz homem-macaco.

Gino, surpreendentemente calmo e resignado, endereçara o seu olhar dorido a todos que, apreensivos e apiedados, rodeavam o seu corpo maltratado, como se deles estivesse se despedindo. Ao mesmo tempo, lágrimas sentidas começaram a deslizar pelas faces dos presentes que, no convívio diário, haviam aprendido não só a respeitá-lo como ser humano que era, como também, a nutrir um carinhoso sentimento de compaixão pelos infortúnios que a vida lhe houvera reservado.

O socorro já havia sido solicitado e, todos, ansiosos o aguardavam.

Quase a desfalecer, num esforço supremo pegara na mão de Silvana, levando-a aos seus lábios, beijando-a com inarrável ternura e olhando fixamente em seus olhos, quase sussurrando, lhe dissera:

— Meu corpo cansado e, inapelavelmente ferido, se despede da vida. Porém, minha alma, sinceramente agradecida, gravou, em sua intimidade, toda a compreensão e o carinho com que você, Silvana, presenteou este pobre enjeitado, que enfeiou o mundo com a sua presença e que, os seus olhos, pela bondade do seu coração, não foram capazes de enxergar.

— Você, despretensiosamente, adornou com o perfume da sua generosa companhia os últimos tempos deste desafortunado homem-macaco, e só me resta agradecer-lhe, de todo o meu coração, por tudo aquilo que fez por mim, rogando a Deus, que a proteja e a ampare.

Silvana não conseguira conter as lágrimas que caíram, como gotas de orvalho sobre o rosto ensangüentado de Gino, confessando os puros sentimentos que haviam feito morada em seu nobre coração.

Gino com os ouvidos da alma, os captara, fazendo com que os seus lábios esboçassem, leve sorriso, denunciando a ventura que, naqueles derradeiros momentos, viera fazer-lhe amorável companhia.

A seguir, num último e inaudito esforço, pegara a mão de Carlo e a colocara sobre a de Silvana. Com o olhar súplice, endereçado ao domador, fizera-o compreender pelas veredas da alma, que estava a lhe fazer um nobre e irrecusável pedido, para que protegesse a jovem senhorinha das intempéries do mundo, sendo-lhe fiel companheiro nos momentos que, por certo, haveriam de vivenciar.

Suavemente os seus olhos cerraram-se e a visão dolorosa do mundo apagara-se por completo, ficando, tão-somente, gravada na retina da sua alma para que, no futuro, ao revê-la pelas vias do Espírito, possa finalmente avaliar as redentoras expiações porque passara, possibilitando-lhe evoluir para, um dia, desfrutar a verdadeira felicidade.

Assim, Gino partira para o mundo dos Espíritos cumprindo mais uma etapa das suas veredas reencarnatórias, onde conseguira, a duras penas, eliminar algumas das desvirtudes, que, teimosamente, há tempos o acompanhavam, impedindo que viesse luzir o seu coração.

Nesta sua última romagem terrena, Gino fora impelido a sorver o cálice amargoso do corpo deformado, da pobreza, do desprezo e da humilhação.

Porém, em anterior encarnação no Brasil colônia, trajado com outra vestimenta física, fora, nada mais, nada menos do que Domingos de Castro, o egoísta, prepotente, rico e todo poderoso senhor das terras, cuja presença, por si só, espargia a frieza, a presunção, e o desdém de que era possuidor, levando inquietação e temor àqueles que, por razões tantas, viam-se impelidos a contatá-lo e servi-lo.

Distante dos ensinamentos do todo-ternura Jesus, apartado da sua melíflua companhia, somente conhecera o amor egoísta que norteara sua existência, tendo como finalidade, tão-só, a satisfação dos seus próprios desejos esquecendo-se de que aqueles que lhe ofertavam a companhia, também eram seres humanos, possuindo, igualmente, aspirações, por vezes, básicas, primárias até.

Desconhecendo os caminhos floridos e perfumados da apaziguante fraternidade, e do amor, julgando-se senhor absoluto das terras e das criaturas que no seu rincão militavam, interagiam, seguira pelas veredas do desamor e da desconsideração, olvidando-se que a ampulheta do tempo, continua, impassível, cumprindo a sua missão e que um dia, mais cedo ou mais tarde, todos, sem exceção, haveremos de colher o fruto dulçoroso ou amargo que houvermos livremente semeado ao longo do carreiro das nossas distintas existências.

Nesta derradeira encarnação, acompanhado pela dor de diferentes intensidades, estigmatizado como o homem-macaco é que Gino começara sua longa e sofrida escalada em busca dos tesouros do amor.

Pobre, desprezado, humilhado, esquecido pelo mundo, acabara por sentir em suas próprias entranhas os infortúnios que desconhecia, e que, como Domingos, houvera provocado àqueles que lhe deram a honra da companhia e da subalternidade.

Silvana, por sua vez, que em anterior encarnação fora a amorável Júlia, sua esposa, ao ofertar-lhe a despretensiosa compreensão e ternura da sua amorosa presença, acabara por atingir as fibras mais íntimas do coração de Gino, fazendo com que a jóia do amor que há tanto tempo, nele se encontrava aprisionada e esquecida, conquistasse a alforria, libertando-se, pouco a pouco, das amarras do egoísmo que a mantinha cativa, começando, gradualmente, a luzir, iluminando as futuras estradas por onde haveria de transitar.

Carlo, por seu turno, outrora doutor Cláudio, premiara Gino com o tesouro da amizade despretensiosa, fazendo-o sentir-se respeitado, possibilitando-lhe que o sentimento da verdadeira fraternidade, adentrasse o seu dorido coração.

O corpo disforme e simiesco de Gino, causador de todas as suas desventuras, que, aos olhos do mundo, parecera cruel e injusto martírio, na realidade fora o bálsamo bendito que banhara a sua alma, limpando-a das mazelas que nela se haviam enquistado, impedindo-a de experienciar o amor em suas diversas facetas, ensejando-lhe iniciar a redentora reparação dos erros que, no passado, em terras brasileiras houvera cometido.

Silvana, profundamente combalida pelo infausto acontecimento, fora visitada por insólita sensação de alívio, como se Gino houvesse findado, com méritos, sua sofrida missão na Terra, gravando em sua alma, as lições inesquecíveis que a vida lhe houvera proporcionado.

Carlo, também fora visitado e surpreendido pelo mesmo sentimento.

Na verdade, tanto Silvana como Carlo, apesar do aflitivo e triste momento que vivenciavam, inspirados pelos Espíritos que acompanhavam o desenrolar dos acontecimentos, sentiram-se consolados, convictos de que houveram cumprido com seus deveres cristãos, entrelaçando os seus corações com o do pobre Gino, amenizando o seu padecer, através das suas amistosas e despretensiosas presenças.

Giacomo, que também sofrera o impacto da funesta ocorrência, também auxiliado pelos incansáveis amigos espirituais, experimentara uma surpreendente sensação de piedade e de remorso que invadira o seu coração e que jamais houvera sentido.

Em verdade, Giacomo, em vida anterior fora Raimundo, o frio e insensível capataz que desconhecia, por completo estes nobres sentimentos de misericórdia.

Desta feita, como Giacomo, sua alma conseguira finalmente sentir estas compassivas sensações, ensejando-lhe dar os primeiros e titubeantes passos nas sendas do amor.

Estes inusitados sentimentos que latejavam no imo do seu ser fizeram com que lágrimas de sincera emoção aflorascem em seus olhos, escorrendo pelo seu rosto entristecido como que dizendo silencioso adeus ao homem-macaco, cuja vida fora indescritível calvário de dores e desilusões.

Gino, ao partir para o outro lado da vida, fora, ternurosamente, amparado por Espíritos caridosos que, durante todo o seu doloroso percurso reencarnatório o acompanharam, procurando aliviar-lhe as agruras, nem sempre conseguindo êxito em suas tentativas.

Pacienciosamente aguardaram o momento em que, o Espírito de Gino, por eles ajudado, se desvencilhasse do corpo denso, que servira de abrigo à sua alma carente, para oportunamente conduzi-lo a colônia de refazimento específica, a fim de que, gradualmente, fosse eliminando os miasmas provocados pelas desvirtudes que, nele, houveram feito morada, substituindo-os pela essência perfumada do amor, preparando-se para uma nova e oportuna reencarnação.

A platéia, desagradavelmente surpresa e assustada, fora deixando, gradativamente, as dependências do Magnus Circus, levando em suas retinas as aflitivas cenas que, há pouco, haviam assistido e nos seus corações a tristeza pelo lastimoso acontecimento.

Constatada a morte de Gino, após as providências de praxe e por recomendação de Giacomo, o corpo inerte do homem-macaco fora conduzido ao centro do picadeiro para que, todos os militantes daquela casa de espetáculos, pudessem dar o último adeus aquele ser humano, deserdado pela sorte, esquecido pelo mundo.

45

Na manhã do dia seguinte, antes do sepultamento, quando todos os militantes do Magnus Circus rodeavam o esquife de Gino, era notório que o seu semblante externava uma serenidade nunca observada enquanto estivera vivo, como se desfrutasse, enfim, inquestionável paz.

Silvana, triste, emocionada, iniciara comovente oração, cujas palavras exteriorizavam seus mais sinceros e profundos sentimentos, como se fossem miríades de gotículas de orvalho, a enfeitarem o picadeiro, penetrando com inexprimível suavidade, nos corações dos que se encontravam presentes e, em especial, na contextura espiritual, ainda entorpecida, de Gino que, amparado por amigos espirituais, ainda ali se encontrava, fazendo com que experimentasse dúlcida sensação de refrigério e de paz, sendo amparado por mãos angelicais, de que, naqueles magnos momentos, tanto necessitava.

Era o amor, destemido, singrando os mares da espiritualidade, indo ao encontro das suas mais nobres e puras aspirações.

Terminada a prece, era incontestável a emoção que se apoderara dos presentes, cujas lágrimas denunciavam os sentimentos que os viera visitar.

Silvana, ainda enlevada, sentira uma mescla agradável de alívio e de consolo esgueirar-se pela intimidade do seu ser, comovendo-a, sentindo que, tanto Gino como ela própria, houveram cumprido suas mútuas missões.

Em seguida, o corpo de Gino fora levado para a sua derradeira morada na Terra, enquanto seu Espírito era conduzido, por amorosas entidades, para uma colônia de refazimento, findando-se mais uma etapa da sua história espiritual.

Os meses seguiram sua incansável marcha e a vida, no Magnus Circus, continuara seu ritmo com novos artistas, novas atrações, dando continuidade aos seus objetivos de entretenimento, suspense e prazer.

Neste espaço de tempo, Giacomo fora sendo, gradativamente, acometido por pertinaz enfermidade pulmonar, que passara a não lhe dar tréguas, acinzentando os seus dias, fazendo esfriar o seu ânimo para o trabalho e para a vida.

Passara a ficar a maior parte do tempo encerrado em seus aposentos, enfrentando aflitivas hemoptises que o foram abatendo, apercebendo-se de que, a cada dia, suas forças se extinguiam, denunciando a tuberculose que o envolvera com seus irreprimíveis e impiedosos tentáculos, fazendo-o antever os dias, ainda mais difíceis, que haveria de passar.

Em suas reflexões, sentia não ter mais forças para continuar comandando aquela casa de espetáculos e assim, pouco a pouco, fora amadurecendo a idéia de delegar sua autoridade a quem pudesse bem exercê-la, evitando, que as atividades do Magnus Circus viessem a arrefecer.

O médico que passara a assisti-lo, apesar de toda a sua experiência e dedicação, não conseguia debelar a doença que, dia após dia, teimosamente, se apossava do seu corpo.

Carlo e Silvana, condoidos, passaram a prestar-lhe despretensioso auxílio durante as crises mais agudas que, sem compaixão, o castigavam.

Assim agindo, o casal fora despertando no coração de Giacomo um sentimento de gratidão que nunca houvera experimentado.

Sentindo a vida esvair-se, numa fria noite de inverno, quando os nubentes, como de hábito, faziam-lhe fraternal companhia, com a fisionomia extremamente abatida e a voz quase inaudível, entrecortada pelas aflitivas crises respiratórias, Giacomo, num arroubo de bondade e agradecimento que passara a perfumar a sua alma, olhando bem fundo nos olhos de Carlo e Silvana lhes dissera, com inquestionável dificuldade:

— Tenho consciência de que me restam poucos dias de vida na Terra.

— Durante o transcorrer da minha existência, não conseguia entender e assimilar o significado da amizade e da gratidão.

— Nestes últimos tempos, quando a vida, pouco a pouco, vai me dizendo adeus, vocês, com a atenção despretensiosa que a mim, pobre moribundo, dedicaram, fizeram-me, definitivamente, compreender o verdadeiro significado destas duas pérolas de imensurável valor que os meus olhos, até então, não haviam conseguido enxergar.

— Como vocês sabem, eu não tive a felicidade de desfrutar uma família e, conseqüentemente, não possuo descendentes.

— Quando soube que vocês pretendiam casar-se, fiquei verdadeiramente feliz e quero aproveitar-me desta oportunidade para demonstrar-lhes o sentimento de gratidão que vocês fizeram despertar no meu coração.

— Provavelmente, por ocasião das suas núpcias, eu não farei mais parte deste mundo e me sentiria extremamente afortunado, se vocês assumissem a direção desta nossa casa de espetáculos.

— Mais ainda, gostaria, como presente de casamento, torná-los meus únicos herdeiros e, portanto, legítimos proprietários do Magnus Circus.

A emoção do momento, a todos contagiara e lágrimas silenciosas deslizaram pelas suas faces, firmando-se, naqueles instantes, entre aquelas criaturas, um pacto de amizade e de gratidão, cujo rastro permaneceria, indelevelmente, sulcado em suas almas.

Logo após esta comovedora cena, Giacomo pedira a Carlo que abrisse a gaveta de rústico móvel que se encontrava bem próximo do seu leito.

Solícito, o domador, imediatamente o atendeu e ao abri-la, dela retirara um único documento, já assinado por Giacomo, que outorgava o Magnus Circus, para os noivos, legitimando-os como proprietários daquela casa de entretenimento, suspense e diversão.

Naquele exato instante, um filete de sangue escorrera pelos cantos dos lábios de Giacomo, ao mesmo tempo em que os seus olhos fecharam-se, sinalizando que a vida, dele, houvera se despedido.

Alguns meses após, Carlo e Silvana uniram-se em casamento, com o propósito de formarem uma nova família, esperançosos de que, no futuro, viessem receber em seus regaços os filhos que, por certo, adornariam suas vidas.

46

Cinco anos houveram passado daquele inesquecível e triste momento e os esposos, apesar de muito desejarem ampliar a família, recebendo em seus regaços os filhos da carne e do coração, ainda não haviam conseguido o seu intento.

Numa das noites que antecedia ao sono reparador, em seu íntimo aposento, Silvana, espontaneamente, se ajoelhara diante de singela imagem do Cristo crucificado sendo, imediatamente, acompanhada por Carlo. Em seguida, iniciara comovente prece, na qual deixara extravasar o seu inquestionável desejo de se tornar mãe.

Terminada a oração, profundamente emocionados, buscaram o leito para haurir forças, a fim de darem continuidade as tarefas que, no amanhã, os esperavam.

No dia seguinte, Silvana acordara radiante e quando fazia o seu costumeiro desjejum em companhia de Carlo, lembrara-se do rápido sonho que tivera, passando a narrar ao esposo as imagens que ficaram gravadas em suas lembranças.

Sonhara que a casa em que residiam, encontrava-se completamente iluminada por uma mescla de cores, tendendo para o azul celeste, que a enfeitava, ao mesmo tempo em que vozes infantis percorriam os espaços, preenchendo-os com alegria contagiante.

O que achara estranho é que de nada mais se recordava a não ser o que acabara de narrar.

Carlo, que ouvira atento o que a esposa lhe contara, fora visitado por repentina palidez que delatava as emoções que, naquele momento, experimentava.

Rapidamente, recompondo-se, dissera para Silvana:

— Minha querida. Por incrível que possa parecer, eu também tive, esta noite, semelhantes sensações!

Como as responsabilidades os aguardavam, a insólita conversação tivera de ser interrompida, deixando, porém, em seus corações, doces presságios.

Alguns meses transcorreram desde aqueles momentos e os sonhos que os haviam presenteado com um esperançoso amanhã, desvaneceram-se nas dobras do tempo, tornando-se reféns do esquecimento.

Num ensolarado domingo, Carlo e Silvana, como sempre o faziam, dirigiram-se para a igreja do Calvário a fim de assistirem à missa e desfrutarem as preleções que o padre Amadeo habitualmente destinava aos paroquianos.

Naquela oportunidade, véspera de Natal, o bondoso sacerdote, convidara todos os presentes para se encaminhar até o salão paroquial a fim de apreciarem o presépio que ali se encontrava exposto.

O jovem casal, aquiescendo ao convite, junto com outros freqüentadores, encaminhou-se para o local que fora sugerido.

Um quarto de hora havia passado quando o padre Amadeo, acompanhado por sóror Angélica, gentil e educadamente, se aproximaram de Carlo e Silvana, entabulando prazerosa conversação.

Em seguida, o sacerdote, discretamente, os convidara para acompanhá-los até uma sala contígua ao salão, alegando que desejaria muito falar-lhes a sós.

Quando lá chegaram, após acomodarem-se, o sacerdote lhes dissera:

— Queridos irmãos de ideal religioso.

— Tenho notado a presença assídua do simpático casal a este templo de oração, demonstrando não só o interesse a respeito do evangelho, como também, um comportamento exemplar em prol da comunidade, sempre disposto a colaborar, valorizando o tesouro da fraternidade.

— Além disto, me desculpem, não poderia deixar de notar, tratarem-se de pessoas educadas e que provavelmente desfrutam uma satisfatória condição financeira.

— Independentemente da nossa vontade, chegaram aos nossos ouvidos notícias de que, há já algum tempo, vêm aguardando, com vivo interesse, que o Pai da vida os presenteie com filhos que, obviamente, iriam alegrar as suas existências, colorindo os seus amanhãs.

— Por esta razão é que encorajei-me a falar-lhes.

— Precisamente, há dois dias, quando me dirigia para celebrar a primeira missa da manhã, surpreso, deparei-me com um delicado cesto de vime colocado bem a frente do altar onde duas criaturinhas, envolvidas em felpudos cobertores azuis, dividiam aquele espaço.

— Ao aproximar-me, verifiquei tratar-se de dois gêmeos do sexo masculino que, pelo rosado das suas faces e pelos olhinhos espertos, cheios de vida, pareciam desfrutar boa saúde o que, de fato, posteriormente, fora constatado.

— Ao retirá-los do berço improvisado, notei, no fundo do cesto, um bilhete, bem escrito, cujo conteúdo, de fato, me sensibilizara. Tirando-o do bolso passara a lê-lo, dizendo:

— Me perdoem, queridos, por não ter tido a coragem de assumi-los como filhos. Que Deus Pai, na Sua bondade infinita, os encaminhe para outros braços onde possam encontrar o aconchego, a ternura e o amor que eu, covardemente, lhes neguei.

Sóror Angélica, educadamente, tomando a palavra complementara:

— Com todo o respeito de que são merecedores, após muito refletirmos, tomamos a liberdade de oferecer-lhes este dois anjinhos para que possam aquecê-los em seus regaços, adotando-os como filhos queridos do coração!

Carlo e Silvana, instantaneamente, lembraram-se dos sonhos que, tempos atrás, houveram tido e, visivelmente comovidos, sentindo o acelerar das batidas dos seus corações, entreolharam-se, ternamente, pedindo o mútuo consentimento para a nobre sugestão que, os religiosos, haviam acabado de lhes expor.

Ato contínuo, entrelaçando as mãos trêmulas, com os olhos umedecidos pelas lágrimas que emergiram carregadas de coragem e de ventura, com os lábios lívidos, não conseguindo exteriorizar uma só sílaba, tão-somente, menearam a cabeça, que, mais do que mil palavras poderiam fazê-lo, sinalizaram para o padre Amadeo e sóror Angélica, suas recíprocas e amorosas predisposições de assumirem a nobre missão de pais.

Naquele exato momento, sem o saberem, Carlo e Silvana acabavam de abrir as comportas dos seus corações para acolherem em seus tépidos regaços, os Espíritos Gino, ex-Domingos, o poderoso senhor das terras e Giacomo, ex-Raimundo, o seu cruel capataz.

Assim, revestidos com novas roupagens carnais, retornavam aos palcos do mundo para, juntos, como verdadeiros irmãos, vivenciarem novas e profícuas experiências, exercitando-se nas sendas da fraternidade e do amor.

Na data que fora marcada, no final da tarde, Carlo e Silvana, radiantes, visivelmente ansiosos, dirigiram-se à instituição religiosa e, à noite, quando o luar prateado acariciava aquelas paragens, dali se retiraram levando em seus braços aquelas duas criaturinhas que, doravante, iriam enfeitar as suas existências.

A aprazível habitação, onde os dois novos passageiros da vida iriam residir, fora, devida e carinhosamente, preparada para bem recepcioná-los e o amor, ali represado, perfumava as acomodações, envolvendo a todos com a sua paz.

47

O Magnus Circus, sempre contando com novas e impactantes atrações, prosperava a olhos vistos, permitindo que o generoso casal pudesse desfrutar satisfatória condição financeira, proporcionando-lhe um viver razoavelmente tranqüilo.

A presença saudável e alegre dos pequeninos, já com mais de três anos, deu novos contornos e cores a moradia do casal, fazendo com que a felicidade passasse a ali residir.

Todas as noites, antes de serem amplexados pelo sono reconfortador, Carlo e Silvana, amorosamente, pediam ao Pai da vida para que perdoasse aquela mãezinha anônima que, em momentos de extrema fraqueza, acabara por desertar da sua nobre missão, ao mesmo tempo, que agradeciam-na por lhes haver presenteado com a honra de se tornarem pais.

Assim agindo, as suas preces rasgavam os céus e sem que o casal se apercebesse, projetavam-se ao encontro daquela pobre mãe que, seis meses após dar a luz àquelas criaturinhas, dilacerada pela dor do remorso, recusando-se a alimentar-se, fora, pouco a pouco, sendo abandonada pela saúde, debilitando-se, desertando da vida, partindo, para o além, em profundo exaurimento espiritual.

O Espírito daquela sofrida mãe, acariciado por aqueles sinceros e ternurosos pensamentos que, o generoso casal, constantemente lhe endereçava, sentia-se momentaneamente confortado, quando então, conseguindo se desvencilhar do torpor que o aprisionava, orava ao Pai, rogando-lhe, o seu doce perdão, esperançoso de que, seus rebentos, houvessem sido acolhidos por almas caridosas que os adotaram como filhos queridos.

Em um destes redentores momentos, libertando-se do entorpecimento que não lhe dava tréguas, readquirindo a lucidez, fizera ao Pai de Infinita Bondade, pungente e sincera súplica que delatava toda a dor do remorso que, há tempos, castigava o seu Espírito.

E assim, neste inesquecível instante, seus olhos puderam ver, dela se aproximar, Espíritos que, amistosamente, a rodearam, amparando-a com indizível ternura, exteriorizando a jóia da fraternidade que houveram conquistado, ao longo das suas jornadas reencarnatórias.

Em seguida, a conduziram para uma colônia espiritual de refazimento a fim de ali permanecer, recebendo o bálsamo da compreensão e do amor, cujo tempo se encarregaria de imantar em seu Espírito.

As constantes, amorosas e sinceras preces que, Carlo e Silvana, faziam emergir das entranhas das suas almas em favor da sofrida mãezinha, conseguiram, por fim, luarizar o seu Espírito, contribuindo para o seu soerguimento e evolução.

Caríssimo leitor. É o amor que, percorrendo os espaços, com imbatível coragem, leva consigo a felicidade espargindo-a, incondicionalmente, em todas as direções da Terra e do Céu.

48

Certo dia, Silvana, em companhia de Carlo fora ao médico que, há tempos a acompanhava, fazer os exames de rotina.

Após examiná-la, o clínico dirigira o olhar para o jovem casal e lhe dissera, convicto, sorrindo:

— Deus, de infinita bondade, acompanha constantemente os nossos passos, auxiliando-nos na caminhada, adornando os nossos dias.

— O jovem casal fora por Ele agraciado com um tesouro de imensurável valor.

— Comunico-lhes que, dentro de aproximadamente sete meses, vocês se tornarão pais, outra vez!

Alegria indescritível contagiara o ambiente.

Sorrisos e lágrimas de alegria e agradecimento pelas benesses recebidas do alto, mesclaram-se, incontidas, exortando a beleza do amor.

A ampulheta do tempo continuara a sua marcha e, numa belíssima manhã de domingo, quando Carlo e Silvana, no jardim da sua moradia, faziam o costumeiro desjejum, os dois pequeninos gêmeos vieram-lhes ao encontro, cobrindo-os de beijos e abraços, envolvendo-os com a pureza e sinceridade das suas alegrias.

Naqueles momentos, o casal entreolhou-se com indisfarçável ternura e, tanto Carlo como Silvana, repentinamente, foram visitados pelas lembranças de Giacomo que lhes houvera premiado com o Magnus Circus, possibilitando-lhes desfrutar uma vida confortável e plena de dúlcidas esperanças, pela qual sentiam-se, veramente, agradecidos.

Em seguida, uma inesperada saudade de Gino viera enlaçar o coração de Silvana, incitando-a, penalizada, a recordar-se daquele desafortunado ser humano que acabara perdendo a vida ao procurar, heroicamente, defendê-la da fera, denunciando o afeto e a gratidão que por ela nutria.

Carlo também fora tocado por estas mesmas sensações e carinhosamente pegara nas mãos da esposa que, enlevada, iniciou emocionada oração, sinceramente agradecida aos céus pela felicidade que, por misericórdia divina, usufruíam.

Ao término da prece-agradecimento, Silvana sentira que, a pequenina criatura albergada nas entranhas do seu ser, começara a mover-se de forma inabitual, como se estivesse ansiosa para nascer, viver, compartilhar.

Em seqüência, leves contrações vieram fazer-lhe companhia, anunciando que, o tão esperado nascimento se aproximava.

Minutos após, Silvana, convicta, comunicara o fato a Carlo que, emocionado, imediatamente fora em busca da parteira, que já haviam contatado, para assistir a parturiente naqueles inolvidáveis momentos.

Quando Sofia, a parteira, ali chegara, Silvana já se encontrava no leito, evidenciando que as dores do parto já haviam chegado, prenunciando o nascimento.

Um quarto de hora houvera transcorrido quando Sofia, sorrindo, colocara, delicadamente, o saudável rebento no colo da afortunada mãezinha que o recepcionara, cobrindo-o de beijos.

Carlo, tão logo fora informado, adentrara o quarto e, ao

aproximar-se do leito que agasalhava os seus amados, Silvana, exultante, lhe dissera:

— É um menino, que veio ao mundo nos presentear com a sua companhia!

Carlo, com inenarrável ternura, os beijara, ao mesmo tempo em que o ambiente enchera-se da mais pura alegria, envolvidos que foram, todos, pelas teias perfumadas do amor.

Finalmente, naqueles inolvidáveis instantes, completara-se mais uma etapa do processo reencarnatório do Espírito Jerônimo, o ex-escravo, cruelmente mutilado a mando de Domingos-Gino, o prepotente senhor das terras, cegamente obedecido por Raimundo-Giacomo, o impiedoso capataz.

O ex-escravo retornava as lides da matéria, trajando nova e impecável vestimenta carnal, desta feita, como irmão dos seus antigos algozes para que, unidos pelos laços de família, viessem a reparar os erros cometidos no passado distante e, juntos, percorrendo as estradas da vida, experienciando o amor em seus diversos matizes pudessem, mutuamente, compreenderem-se, respeitarem-se e, definitivamente, se reconciliarem.

Assim, caríssimo leitor, a infinita bondade do Pai, uma vez mais se fez presente, acolhendo aqueles Espíritos em seu generoso regaço, perdoando os desacertos que houveram cometido, brindando-os com nova oportunidade reencarnatória, ensejando-lhes mais uma inquestionável e valorosa chance para evoluir, evidenciando que a morte não existe, pois, a verdadeira vida, a do Espírito, com toda a sua pujança, continua a sua incansável trajetória.

BRASIL
Século XX

49

Era uma daquelas ensolaradas e belíssimas manhãs de abril.

O astro-rei, com toda a sua energia, beijava calorosamente a terra, anunciando um novo dia.

Nas ruas movimentadas da grande São Paulo, seres humanos, incessantemente, interagiam em busca dos seus mais diversos objetivos na expectativa de alcançá-los para, enfim, desfrutarem as suas benesses.

A mansão da família Alencar, situada em aprazível e arborizado recanto da capital paulista, era sem dúvida, uma das mais belas do lugar.

Sua estrutura sólida, aliada a uma arquitetura de linhas modernas, tisnadas de cores delicadas e em perfeita harmonia, deixava bem claro, a quem por ali transitasse, o apurado bom gosto dos seus moradores.

Terraços projetando-se dos aposentos íntimos e da sala de estar, decorados com multicoloridos arranjos florais, exteriorizavam a harmonia e a paz que ali reinavam.

O jardim, que abraçava a bela propriedade, apresentava-se com um sem-número de flores de exuberantes coloridos, cujos perfumes diversos entrelaçavam-se no espaço, presenteando seus ocupantes, assim como, aqueles que por ali passavam.

Eram sete horas da manhã quando o carrilhão da sala de estar iniciou suas costumeiras badaladas, como se estivesse a cumprimentar os componentes da família, dando-lhes o bom dia, ao mesmo tempo em que os incitava ao trabalho e às responsabilidades da jornada que se avizinhava.

Adriana, jovem senhora, beirando as quarenta primaveras, como de costume, já se encontrava desperta e, após, carinhosamente, beijar Marcos, seu esposo, demonstrara estar preparada para enfrentar as tarefas do lar.

Mãe e esposa dedicada, sensível e amorosa, interagia, docemente, com todos os que compunham sua família, pautando sua conduta com a verdade e a justiça, evidenciando a nobreza da sua alma.

Marcos Alencar, seu marido, ainda sonolento, permanecera aconchegado ao leito, esperando haurir forças para iniciar sua intensa labuta como conceituado empresário.

Homem íntegro, culto, muito bem avaliado no meio profissional em que militava, caracterizava suas atitudes e ações pela austeridade, sem, contudo, perder o foco da verdade e da justiça.

Era um principiante no tocante às nuanças da espiritualidade, porém a respeitava assim como, os seus adeptos.

Adriana, preocupada com o adiantado da hora, encaminhara-se em direção ao marido e, acariciando os seus cabelos grisalhos, dissera-lhe com indizível ternura:

— Amor. O Pai da vida nos presenteia com um novo dia, concedendo-nos outra promissora oportunidade de trabalho, não só em favor de nós mesmos, mas também, de todos aqueles que nos distinguirem com as suas presenças.

Marcos ouvira aquelas doces palavras, tão-somente, com os ouvidos da carne, sem detectá-las através das fibras íntimas do seu coração, ainda envolto pela névoa efêmera da matéria.

Seus olhos abriram-se a procura dos olhos verde-esmeralda da sua amada e, ao encontrá-los, apaixonadamente, se abraçaram, delatando o amor profundo e sincero que os unia.

Momentos após, ao saírem do quarto, escutaram as vozes dos seus filhos, Roberto, Tiago e Celeste, vindas do andar térreo da residência, preenchendo os espaços com a musicalidade da juventude, irradiando as alegrias características da idade, plena de esperanças e dos mais lindos sonhos.

Roberto, no vigor dos seus vinte anos, conversava animadamente com Tiago que acabara de completar dezoito, enquanto que Celeste, no esplendor das suas dezesseis primaveras, escutava e observava, às vezes rindo, das palavras e das atitudes jocosas dos irmãos, aos quais, não escondia, o imenso amor que por eles nutria.

Após os abraços e beijos de bom dia, os Alencares dirigiram-se à copa e acomodaram-se ao redor da mesa para desfrutar o saboroso e variado desjejum, como sempre, preparado com incontestável esmero por Dolores, prestimosa cozinheira da família.

50

Logo após a habitual oração matinal de agradecimento ao Criador pela vida e pelo pão de cada dia, proferida com viva emoção por Adriana, Roberto iniciara a conversação, demonstrando, através do seu olhar e do tom da sua voz, um indisfarçável descontentamento e desânimo que o envolviam, maculando o ambiente de alegria que, até então, se fazia presente.

Cursando a faculdade de jornalismo, demonstrando desde cedo, forte inclinação para as letras, em especial para a poesia, relatara as dificuldades que vinha enfrentando para conseguir um estágio na área específica, atribuindo, insensatamente, o seu insucesso, até o momento, a sinceridade com que realizara as entrevistas, sempre alicerçadas na verdade, conforme Adriana o orientava, nas conversações que com ele mantinha.

Desta forma, Roberto fizera uma crítica, velada, a sua mãe, dizendo nas entrelinhas, que esta forma de agir, não o levaria a lugar algum.

Percebendo a sutileza das palavras que denunciavam o pensamento pessimista que acicatava o seu querido, Adriana, calmamente, ponderou:

— Meu filho, a verdade é pedra preciosa, fazendo-se luzir

através dos nossos olhos, das nossas palavras e das nossas atitudes e, somente poderão vislumbrar o seu brilho, as pessoas que já são capazes de enxergar e escutar, não só com os olhos e os ouvidos da carne, mas também, através da retina cristalina das suas almas e do tilintar amoroso dos seus corações.

— Meu querido, você possui o tesouro imensurável da juventude que enfeita os seus dias, portanto, não desanime, continue empenhando-se com otimismo e determinação na busca dos seus ideais e, tenha a certeza, de que todo aquele que caminha lado a lado com a verdade, desfruta, constantemente, a doce companhia de Jesus, perfumando as estradas que os seus pés, por certo, trilharão.

— Pacientemente, aguarde o próximo amanhã, que, sem dúvida, o Divino Amigo, está preparando para você.

— Persevere, tenha confiança de que, no momento certo, irá encontrar um coração justo que se aperceberá dos seus valores e lhe concederá a oportunidade que tanto espera.

— Lembre-se filho, que o tempo, quando bem compreendido, é professor competente, orientando-nos, pacienciosamente, a respeito do melhor caminho a ser, por nós, palmilhado.

Concluindo asseverou:

— Todo o esforço desenvolvido na procura das nossas aspirações, alicerçado na verdade, justiça, fraternidade e amor, um dia, no momento oportuno, se coroará de êxitos, ensejando-nos entender o valor inestimável do tempo em nossas vidas.

O semblante do jovem alterou-se, profundamente. Seus olhos adquiriram o brilho do otimismo, ao mesmo tempo em que os seus lábios escancararam-se, externando um sorriso sincero e amoroso, exalando o agradecimento que vinha da intimidade da sua alma, extirpando o desânimo que antes o enlaçava, sentindo-se fortalecido para persistir em busca dos seus objetivos.

Movido pelo respeito e pelo grande amor que devotava a sua mãe, num átimo, levantou-se e, encaminhando-se em direção à sua querida, beijou-a, carinhosamente, na face, sussurrando aos seus ouvidos:

— Mãezinha querida, uma vez mais, muito obrigado por compreender minhas dificuldades e aflições, serenando o meu coração.

Os olhos de Adriana encheram-se de lágrimas e sua alma sensível, pode desfrutar, naquele instante, os suaves eflúvios da gratidão.

Tiago, por sua vez, pouco usufruiu aquele momento de pura sensibilidade, pois ali estava presente, apenas, com o seu corpo físico, enquanto os seus pensamentos, alçavam outros vôos, em direção aos seus ideais.

Mesmo muito jovem, Tiago já buscava, com ansiedade, os tesouros ilusórios e passageiros que a matéria, sutilmente, lhe ofertava.

Seu mundo, um tanto egoísta, incitava-o ao orgulho e à vaidade, atribuindo-se valores que, na realidade, não possuía.

A despeito dos constantes conselhos dos seus pais, arredio, procurava, incansavelmente, encontrar a vã felicidade terrena e, para tanto, valia-se de expedientes, por vezes censuráveis, para conseguir os seus intentos, ignorando que a verdadeira felicidade, somente é conquistada à medida que a ofertamos àqueles que, como nós, também a procuram.

Tendendo para o personalismo, nem sempre conseguia compreender, com clareza, o real sentido das conversações, tirando, não raras vezes, conclusões precipitadas e emocionais, típicas da juventude, como se fosse detentor da verdade absoluta, retardando, por conseguinte, os seus passos, dificultando o seu próprio amanhã.

Celeste, cabelos longos e aloirados, olhos verdes, tais quais o de Adriana, pele macia e rosada, rosto belíssimo, trazia no olhar, na voz e no gesticular, a mansuetude das almas simples que já aprenderam o verdadeiro sentido do verbo amar, deixando-o extravasar, constantemente, através da sua presença sempre bem-humorada, enfeitando a mansão dos Alencares com sua espontânea e contagiante alegria.

Após as despedidas, a maioria dos integrantes da família deixara o aconchego do lar rumando, cada qual, na direção das responsabilidades que a vida lhes impunha. Marcos para a empresa que comandava, Roberto para a faculdade de jornalismo, Tiago e Celeste para o respectivo colégio.

Adriana, como sempre, permanecera no lar para o cumprimento das suas atribuições, as quais desempenhava com evidente responsabilidade e satisfação.

Além de Dolores, contava com os préstimos de Marta, serviçal encarregada pela limpeza da residência.

Jovem, responsável e solicita, era casada com Osmar, homem rústico, de poucas palavras, que além da manutenção da propriedade, era responsável por todo o serviço de jardinagem, que executava com dedicação e esmero.

Tinham um filho, Felipe, de apenas dois anos, que acabara se tornando o xodó da família Alencar.

Os pais de Adriana, Luiz e Vanda, desde a juventude, demonstravam nítida simpatia pelo espiritismo e, após o casamento, ambos, principiaram a freqüentar as reuniões que eram realizadas em um centro espírita próximo a residência do casal.

Seus corações, sensíveis, assimilaram com avidez os conhecimentos que lhes eram ministrados, passando, gradualmente, e exteriorizá-los pelas vias da palavra e das atitudes, sempre adornadas pela fraternidade e bom-senso.

Ainda jovem, Vanda engravidara.

A gestação, benção divina, transcorrera em clima, de serena expectativa e de incontestável paz, evidenciando a doce afinidade que desfrutavam mãe e filha.

Durante este período, a conversação mental entre as duas fora uma constante.

Através do pensamento, Vanda ofertava ao pequenino ser, que seu ventre agasalhava, o aconchego, a proteção e o amor de mãe que, a terna criaturinha captava, usufruindo momentos de indizível confiança e paz.

Nove meses se passaram e Adriana, ex-Silvana, outrora Júlia, retornava a Terra para dar continuidade ao carreiro das suas redentoras encarnações.

51

Eram, aproximadamente, vinte horas daquela segunda-feira quando, toda a família Alencar, como sempre fazia naquele mesmo dia da semana e, no mesmo horário, se encontrava reunida, em torno da mesa da sala de jantar, para realizar o Evangelho no Lar.

Além dos seus cinco integrantes, somava-se a presença do casal Luiz e Vanda, do dr. Sérgio e sua esposa Carmem respectivamente pais, irmão e cunhada de Adriana, assim como de Lauro, irmão de Marcos.

Quando o carrilhão da sala terminara de soar as oito badaladas, Adriana iniciara a reunião, proferindo comovida prece, cujo dúlcido conteúdo contagiara todos os presentes.

As palavras fluíram com tal profundidade que, incontinenti, penetraram nos corações de todos, fazendo-os mergulhar na intimidade das suas almas em busca das verdades que já conheciam, mas que, muitas vezes, relutavam em colocá-las em prática.

Terminada a oração, Vanda passara a ler um trecho do Evangelho segundo o Espiritismo, que ressaltava o exercício precioso da caridade.

Logo após a leitura, Luiz fizera breves e conscienciosos comentários sobre o tema, ressaltando a essência dos ensinamentos do Cristo Jesus e a importância da sua presença no coração de todo e qualquer ser humano.

Alguns dos presentes também apresentaram suas cristãs ponderações sobre o trecho lido, enriquecendo o conteúdo daquela valiosa reunião.

Findo os comentários, Adriana pedira ao doutor Sérgio para que fizesse as vibrações, sendo, prontamente atendida.

Adriana, médium psicofônica e vidente, enquanto o médico fazia as vibrações, vislumbrara, com os olhos da alma, formar-se um tênue halo de luz branca-azulada, por sobre as cabeças de todas aquelas criaturas, ligando-as, pelas veredas do pensamento.

Em seqüência vira, bem à sua frente, a costumeira e terna figura espiritual do preto velho que a assistia e, de cujo coração emergia aquela suave luz a todos enlaçando e cujo sorriso amistoso e o semblante evidenciando indizível paz, emocionara profundamente a doce Adriana que, lentamente, fechando os olhos, dissera, quase que num sussurro, sinceramente comovida:

— Eternamente agradecida pelas bênçãos que, amorosamente, faz espargir sobre o meu coração e os dos meus queridos, só me resta dizer-lhe, do fundo de minh'alma: muito obrigada, amigo, irmão, Duríbio!

Enfim, caríssimo leitor, em pleno século XX, reuniamse, outra vez, em terras brasileiras, os Espíritos dos ex-integrantes, ex-colaboradores e ex-escravos da, outrora, poderosa família Castro que, na época do Brasil colônia, vivenciaram tantas e tantas experiências.

Valendo-se, desta feita, de outros veículos carnais, foram agraciados com, mais uma, redentora oportunidade reencarnatória, para intentarem burilar suas almas, fazendoas, pouco a pouco, luzir.

Assim:

Domingos de Castro, o ex-prepotente senhor das terras, Júlia, sua dedicada esposa, Pedro, Paulo e Alice seus filhos, passaram a compor a família Alencar;

Jerônimo e Joana, o ex-escravo mutilado e sua humilde companheira, formavam o casal Luiz e Vanda;

Raimundo, o ex-impiedoso capataz, desta feita como Lauro, e o ex-dr. Cláudio, médico e administrador da família Castro e sua ex-esposa Carolina, na oportunidade, formando o casal dr. Sergio e Carmem, inteiravam a parentela.

Getúlio, Isaura e Juvêncio, na época, respectivamente, o ex-escravo fujão, sua mãezinha desencarnada e o ex-terrível capitão do mato, complementavam o quadro das encarnações como Felipe, Marta e Osmar.

Era mais uma linda manhã de terça-feira quando, todos estes seres humanos, iniciaram um novo dia, dando seqüência às missões que houveram assumido quando, ainda, se encontravam na pátria espiritual.

Inexoravelmente, todos, sem exceção, haverão de evoluir alicerçados na moral do Sublime Emissário da Paz, sendo, para tanto, tão-só, uma questão de tempo.

E, assim, para que tal aconteça, a vida, em toda a sua plenitude, continua...

Últimas Palavras

A você, caríssimo leitor, que nos presenteou com o privilégio da atenção, aproveitamo-nos, agora, ao final destes modestos escritos, para dirigir-lhe nossas últimas palavras:

A vida, enquanto na Terra, vai transcorrendo com naturalidade.

Os momentos de alegria e tristeza mesclam-se, compondo, pacientemente, o livro maravilhoso das nossas existências, deixando cicatrizes que, pouco a pouco, vão emoldurando nossas almas.

Evidenciando claramente as nossas fraquezas para com as nuanças do Espírito, nós, muitas vezes, vemo-nos aceitando, passiva e displicentemente, a interferência envolvente do mundo instintivo em nossas vidas.

Os dias, meses, anos deslizam céleres, o tempo se esvai, porém, algumas vezes, nos parcos instantes de que dispomos para nós mesmos, para nossas mais profundas meditações, apercebemo-nos de que estamos vivendo e interagindo robotizados, afinizados com os ditames da matéria, que, sutilmente vão nos transformando em pessoas solitárias e frias, cúmplices fiéis do orgulho, erigindo-o como o César absoluto das nossas atitudes e decisões.

Estes fugazes momentos, na maioria das vezes, não são suficientes para nos fazer emergir em busca da luz e continuamos como verdadeiros autistas espirituais, admitindo e vivificando os desacertos, como se fossem imaculadas virtudes.

Seduzidos pelo brilho e pelas gloríolas mundanas, deixamo-nos arrastar pelas correntezas enganosas das falsas virtudes que, fatalmente, nos conduzirão ao lago viscoso e obscurecido das ilusões, onde Espíritos viciosos e acomodados se deleitam usufruindo os prazeres efêmeros que nunca lhes trarão a felicidade que, em vão, buscam encontrar.

Triste engano.

Ao pensarmos que estamos a caminho do éden, distanciamo-nos dele, perdendo-o nos horizontes da incompreensão, do orgulho, da vaidade, do desamor...

Imaginamo-nos luzir, resplandecer perante o mundo que nos envolve, mas olvidamo-nos, ingenuamente, de que a verdadeira luz somente poderá emergir do âmago das nossas almas, desbravando, pouco a pouco, a floresta densa e negregosa dos nossos desenganos.

Atribuímo-nos valores que somente nossos olhos nublados pela vaidade podem enxergar e que, de fato, não possuímos, fazendo-nos acreditar naquilo que, na realidade, não somos.

Entretanto, como generosa mãe, a ampulheta do tempo não pára e, inexorável e sutilmente, somos conduzidos pelas mãos caridosas do Cristo Jesus e, através da desilusão, retroagimos e buscamos o verdadeiro sentido das nossas existências.

É, através da dor, por nós repudiada e desprezada, que nossos corações vão sendo burilados, adquirindo, gradativamente, a beleza do amor, que se faz reluzir através do magnetismo das nossas presenças.

Nossos olhos, como por encanto, adquirem novo brilho, nosso olhar a mansuetude e a compreensão de que, há muito, não projetamos em direção daqueles que conosco caminham, lado a lado.

Nossa voz passa a emitir sons maravilhosos que acariciam, balsamizam, fazendo com que nossas palavras sejam envoltas no néctar aveludado da gentileza e da fraternidade.

Nossos ouvidos, outrora impacientes e críticos, aprendem compassivamente a escutar, guardando para si somente os tesouros e a beleza dos sons e vocábulos emitidos por todos aqueles que se dignam nos dirigir a palavra.

Nosso semblante, antes, rude e agressivo, nosso sorriso de desdém e desconfiança, metamorfoseados pelo buril da dor, passam a exalar simpatia, brandura e amizade, externando o clima interior que perfuma nossa alma.

Nossos braços, atrofiados ao longo do corpo, anestesiados pelo torpor do desânimo e do orgulho, abrem-se, carinhosamente, em forma de cruz redentora do Cristo Jesus, agasalhando todos aqueles que ainda se encontram enregelados pela ausência do amor.

Nossas mãos, tensas e frias, distendem-se, aquecem-se, fortalecem-se, auxiliando, acarinhando, os corações ávidos de compaixão e caridade.

Nossos passos, cambaleantes e indecisos, adquirem novas forças e encontram o caminho definitivo, rumando, decididamente, em direção aos combalidos, amainando suas angústias, levando carinho, otimismo e amor aos seus corações desesperados e premidos pela solidão.

Nossa mente, outrora, ensandecida pelos miasmas que o mundo exala, envolvida pelo pessimismo destrutivo dos que desconhecem a Justiça Divina, através da dor, transforma-se em fonte viva a espargir benesses para toda a humanidade se-

denta de reconhecimento e comiseração e, ainda, tão distante de Jesus.

Equilibrados, mental e emocionalmente, nossos caminhos tornam-se menos ásperos, nossas noites menos escuras, nosso porvir mais esperançoso.

Nossas decisões, pautadas no discernimento, bom senso e justiça, exaltam as heranças recebidas, suave e carinhosamente, pela presença do Divino Peregrino do Amor em nossos corações.

A sabedoria, doce e melifluamente, penetra e se aloja em nossos Espíritos, transformando a pedra bruta que éramos, no cristal translúcido e luminescente a emanar raios coloridos de compaixão e amor em todas as direções, buscando esta humanidade tão sofrida e, ainda, em grande parte, enredada pelo egoísmo contumaz.

Transformamo-nos!

Pouco a pouco, vamos adquirindo uma tênue luz interior que passa a nos iluminar e, também, a todos aqueles que conosco caminham. Assim, envolvidos no mais puro dos sentimentos, humildemente agradecidos ao Pai da vida dizemos-Lhe, do imo das nossas almas: "Bendita seja a dor!".

Trilogia da História Espiritual da Humanidade

Os Exilados da Capela
A formação e evolução das raças no planeta Terra.

Na Cortina do Tempo
Sobreviventes salvos da Atlântida preservam seus conhecimentos destinados à posteridade.

Almas Afins
A trajetória de Espíritos afins desde a submersa Lemúria até os dias atuais.

Aliança

Mediunidade

Mediunidade
Seus aspectos,
desenvolvimento e utilização.

Passes e Radiações
Métodos de cura e
tratamento espiritual.

Métodos Espíritas de Cura
O funcionamento da mente
e repercussões espirituais.
As cores e a cura.

Desenvolvimento Mediúnico
Um roteiro perfeito para
o bom funcionamento
da mediunidade.

Prática Mediúnica
Levantamentos sobre a
realidade da prática mediúnica
e melhores direcionamentos a respeito.

Campanha de Preservação da Vida
EDITORA ALIANÇA
Tema: PREVENÇÃO AO SUICÍDIO

CVV – A linha da vida
- Organização arreligiosa -

Vinte e quatro horas por dia, sábados, domingos e feriados, o **CVV** não pára. Nos 53 postos espalhados pelo Brasil, há sempre um voluntário disposto a conversar.

Há 46 anos, o principal objetivo do **CVV** é valorizar a vida, oferecendo o que, comumente, não encontramos no dia a dia, atenção, solidariedade, respeito, e sigilo.

Toda pessoa pode utilizar o serviço, que é **gratuito,** sempre que sentir necessidade, por telefone, carta, e-mail ou pessoalmente nos postos. Não é necessário se identificar e pode-se conversar sobre qualquer assunto que queira.

Por telefone basta discar 141. Para outras informações acesse o site: ***www.cvv.org.br***